传媒艺考 **实战** 辅导丛书

丛书组编：张华锋 江苏省传媒艺考联盟

面试技巧 辅导

主编 付帅

丛书编委会

（按姓氏音序排列）

主任委员

陈　石　刘慧泉　乔　鹏　唐鹏钧　翟玉勇

张华锋　朱正江

副主任委员

戴国庆　李　蠡　李泽铭　刘　建　柳太江

孙东海　张金亮

编委

卜卫华　邓志汉　曹　夫　丁匡一　高　翔　郭家宏

稽永文　蒋蔓青　李炳耀　李德林　李思思　李腾飞

李震宇　马文耀　戚卫东　齐建亮　童　盛　王　湘

奚逸锋　项雷达　徐　超　许昌艳　雪漫江　杨清新

于丽丽　张　毅　赵海卫　赵　姥　郑　阁　钟　玲

南京师范大学出版社
NANJING NORMAL UNIVERSITY PRESS

图书在版编目（CIP）数据

面试技巧辅导/付帅主编. — 南京:南京师范大学出版社,2016.10

（传媒艺考实战辅导丛书）

ISBN 978 - 7 - 5651 - 2921 - 6

Ⅰ.①面… Ⅱ.①付… Ⅲ.①广播节目—节目制作—高等学校—入学考试—自学参考资料　②电视节目制作—高等学校—入学考试—自学参考资料　Ⅳ.①G222.3

中国版本图书馆 CIP 数据核字(2016)第 243228 号

书　　名	面试技巧辅导	
本册主编	付　帅	
丛书策划	王　涛	
责任编辑	于丽丽	
出版发行	南京师范大学出版社	
地　　址	江苏省南京市宁海路 122 号（邮编:210097）	
电　　话	(025)83598919(总编办)　83598412(营销部)　83598297(邮购部)	
网　　址	http://www.njnup.com	
电子信箱	nspzbb@163.com	
照　　排	南京理工大学资产经营有限公司	
印　　刷	扬州市文丰印刷制品有限公司	
开　　本	787 毫米×1092 毫米　1/16	
印　　张	15.5	
字　　数	221 千	
版　　次	2016 年 10 月第 1 版　2016 年 10 月第 1 次印刷	
书　　号	ISBN 978 - 7 - 5651 - 2921 - 6	
定　　价	38.00 元	

出 版 人　彭志斌

前　言

　　近年来,各综合型高校纷纷建立了艺术类二级学院,专业艺术院校的学科建设也更加完善,特别是自 1999 年高校扩招以来,各综合型高校及专业艺术院校的招生数量不断攀升,大量的高考考生开始关注并报考艺术类专业,且每年参加考试的人数有增无减,艺术类招生考试也进行了一系列制度和措施改革。教育部于 2012 年 10 月 11 日公布了新调整的《普通高等学校本科专业目录》,新增了艺术学门类,下设艺术学理论、音乐与舞蹈学、戏剧与影视学、美术学、设计学五个专业。此次调整对参加艺术类招生考试的广大学子提出了更加严格的要求。

　　笔者从事艺术类考试教学以来,在帮助广大考生圆梦的同时,也对近几年考生数量增加、考试科目细化、考试难度提升等问题深有体会。参阅市面上相关内容的教辅书籍,著述庞杂是其最大特点,本书是针对艺术类高考面试科目讲解的实战型应用图书,更注重内容的实用性和可操作性。笔者多年奋战在教学一线,作为艺考生面试科目的专业主讲教师,希望把自己多年积累的面试经验整理成书,分享给所有参加艺术类高考的学子。

　　艺考面试强调考生的综合能力,即重点考查考生的艺术潜质。近年来,笔者根据在面试考场内的所见所闻以及考生考后回馈,发现被成功录取的考生,面试成绩总是在其总分中占很大比例;也有不少考生即使笔试成绩一般,但最终凭借出色的面试成绩力挽狂澜。为此,编者在编写本书相关内容之前,对大量学生进行了问卷调查,并与他们进行了深入讨论,大多数学生认为这本《面试技巧辅导》不仅要包含广播电视编导专业的面试考点,也要照顾到播音与主持艺术专业的考试内容,因为很多学生往往在广播电视编导、播音与主持艺术两个专业中选择一门作为主修考试专业,另一门辅修考试专业则通过自我学习辅导书籍来掌握要点,所以如果能有一本兼顾艺考科目所有面试内容的辅导书籍,对学生而言则如鱼得水,可有效提高备考效率。同时,我们和许多同行老师、专家进行了深入的座谈交流,他们普遍认为,该书不宜过度加入理论性较强的知识点,应多与考生应试实战相贴近,因为面试科目不同于影视评论、故事编创等专业性科目,考虑到其应考特点,更适合用实战的经验和当下的现状来告诉考生怎样才能获取高分。结合考生的学习需求与教师的备课实践,笔者试图从以下几个方面编写本书,以期帮助考生实现事半功倍的备考效果。

自我介绍看似简单却往往让很多考生犯难,该章节梳理写作思路,并结合面试考官的心理,帮助学生归纳自身特点,发现优势并规避劣势,以更好地完成自我介绍的备考。第二章中呈现了近几年来考生在考场内自我介绍的实战案例,并一一进行点评,帮助考生对题型了然于胸,考生可加以对照,根据自身情况完善细节内容,增强自我介绍的说服力,进而打动、征服考官。

回答考官提问与**即兴评述**是广播电视编导、播音与主持等艺术专业招生考试中常年固定的考试内容,针对这两章内容,本书进行了较多的应试分析与总结,旨在为考生筑牢面试基础,提供备考路径与方法。回答考官提问与即兴评述往往是考生最害怕面对的环节,因为不知道考官会问什么题目,考生往往会担心自己"一问三不知"。因此,在这两个章节中,笔者另辟蹊径,针对考生心理与考官心理进行了分析,从考试的内容形式、解题的思路技巧、应试准备、真题回顾、考题预测等方面进行了详尽的阐述,帮助考生对考试的动向、答题的思路等有全方位的理解与把握。

本书还将**命题小品表演**与**文学作品朗诵**纳入进来。因为在表演、导演类专业考试中，面试往往会出现命题小品表演的试题。而在播音与主持艺术专业考试中，文学作品朗诵是极其重要的考试内容。笔者就考试中的注意事项、考前准备、技能技巧提升等提出了翔实的应考策略。

才艺展示这一章，着重介绍了哪些才艺在考场内可以迅速获得考官的欣赏，哪些才艺可以短时间内掌握而不需要挤占考生太多的文化课学习时间，并结合近几年来考场内出现的才艺展示问题，提出有针对性的解决方案，帮助考生及时规避相应问题。

本书是一本适合考生自学与复习、教师备课与授课的理想的艺术类高考面试科目方面的教辅书。本书在编写过程中，参考并借鉴了大量资料，在此谨向各位作者表示深深的谢意。由于编写者水平有限，书中难免存在疏漏和不足，敬请广大读者批评指正。我们也会随着考试的变化不断修订书中内容，与各位读者一起进步。

预祝广大考生面试顺利！

编　者
2016 年 8 月

目录

第一章　面试解读

第四章　即兴评述

第五章　命题小品表演

第六章 文学作品朗诵

第七章　才艺展示

第一章

CHAPTER ONE

面试解读

面试是艺术类高校招生考试中极为重要的环节,考官通过面对面的考查,了解考生是否具备广播电视节目策划、创作、制作等方面的知识,是否具备较高的政治水平、理论修养和艺术鉴赏等方面的能力,判断考生是否具备从事传媒行业相关工作的基本素质。

在不同省份的艺考招生中,面试所考核的科目名称可能有所不同。例如,《江苏省2016年广播电视编导专业联考考试说明》中要求:"面试科目包括才艺展示和综合素养考查,满分为100分。其中,才艺展示20分,综合素养考查80分。"《山西省2016年广播电视编导及戏剧影视文学专业考试工作通知》中要求:"面试考查基本条件、即兴评述、才艺展示。面试占总分值(400分)的40%。其中,基本条件与即兴评述占30%,才艺展示占10%。"上述实行联考的两个省份虽然在面试环节具体考试科目名称上不同,但究其实质,两省考查目的与考核内容差别并不大,所以考生大可不必因所要考核的科目名称不同而纠结。在非联考的省份中,实行单招、校考的院校往往在招生简章中统一用"面试"一词概括,所要考核的科目也大致相同。

每年艺考面试,往往有很多考生因为缺少面试经验和有效的锻炼机会,在考场上因过度紧张等而导致答非所问,严重影响了考试成绩。本书对艺术类面试环节进行了全面分析,更注重内容的实用性和可操作性,旨在为广大艺考学子提供权威、实用的艺考面试辅导内容。

第一节　传媒艺考面试考情

对于传媒艺考面试的备考,考生要及时准确地了解面试的政策信息,把握考试动向,使面试准备更具针对性,提高备考效率。本节着眼于当下艺考面试的实际情况,重点围绕江苏省传媒艺考的面试政策、面试目的、面试形式、面试内容和面试流程等来对面试进行简要介绍。

一、面试政策

1997 年国家教委与国务院学位办进行学科目录调整时,在作为一级学科的艺术学下面设立了 8 个二级学科,包括艺术学(艺术史论)、音乐学、美术学、电影学、舞蹈学、戏剧戏曲学、广播电视艺术学、设计艺术学。为适应我国传媒事业的迅速发展,1998 年我国《普通高等学校本科专业目录》中首次设立了"广播电视编导"专业。该专业的培养目标为:"培养具备广播电视节目策划、创作、制作等方面的专业知识,具备较高的政治水平、理论修养和艺术鉴赏等方面的能力,能在全国广播电影电视系统和文化部门从事广播、电视节目编导、艺术摄影、音响设计、音响导演、撰稿、编剧、制作、社教及文艺类节目主持人等方面工作的广播电视艺术学科的高级专门人才。"从该专业的培养目标看,广播电视编导应归属于"艺术学"一级学科下的"广播电视艺术学"这一二级学科。

在全国多个实行艺术类专业统考、联考的省份以及实行单招、校考的各大高校公布的招生简章中,很多艺术类专业的考试中设有面试环节,如广播电视编导、播音与主持艺术、戏剧影视文学、戏剧影视导演、数字媒体艺术、电影学、表演、影视配音、影视摄影与制作、摄影等专业。

在这些专业的招生考试中,面试是必考科目,占有极其重要的地位。江苏省大多数实行单招、校考的院校选择把面试放在笔试考核之前,考生的综合分数为面试与笔试分数之和。也有部分实行单招、校考的院校将面试定义为初试,只有初试合格,方可进入复试即笔试环节。在这种考试形式中,面试是"资格赛",决定着考生的成败,它有利于单招院校在最短的时间内对考生的基本素质做出判断,从而进一步对考生做出取舍。

二、面试目的

《江苏省 2016 年广播电视编导专业联考考试说明》中指出了面试目的，即考查考生的性格爱好、特点特长；口头表达能力、艺术感悟能力、独立判断能力和生活观察能力；心理素质、临场应变能力、创新思维能力等。综观全国艺术类招生考试，无论是部分省份设立的统考、联考，还是各个院校组织的单招、校考，其考试目的都是相同的，主要考查考生是否具备今后学习和从事艺术类专业所应具备的传媒素养。

广播电视编导专业的面试考核，本着公平公正的原则，按照科学严谨的考试方法，对考生专业水平及综合素质进行客观、准确的评定，选拔出符合招生高校培养要求和传媒事业发展的专业人才。考官力图在短时间内迅速了解考生各个方面的素养，包括个人形象、气质、特长、性格、爱好、普通话水平、文学艺术修养、语言表达能力、思维活跃程度、综合素质、思考范围的广度与深度等。

从广播电视编导专业培养目标来看，面试会从以下几个方面考查考生是否具备从事艺术类专业学习和工作的素质与能力。

1. 知识素质

考查考生对中学教材所涉及的文学艺术常识、历史常识、地理常识等的掌握程度。考查考生是否阅读过古今中外的文学名著；是否观摩过各种艺术门类的艺术精品；能否通过阅读观摩优秀作品后对自身的文学艺术素养和审美鉴赏能力有所提高。观察考生能否对各种艺术现象给出合乎规律的认识，判断考生对各种文艺现象的科学概括能力，以及考查其艺术直觉与理性思维的运用能力等。

2. 艺术素质

作为一名艺考生，必须具备一定的艺术素养，要爱艺术、懂艺术，具有一定的艺术欣赏和审美能力。编导工作在很大程度上是一种基于艺术欣赏和审美活动之上进行的审美创造,艺术欣赏和审美判断是紧密结合在一起的。考生的艺术素养和审美能力是需要逐步锻炼和培养的,从根本上说,艺术素养是长期艺术欣赏活动的结果,审美能力是长期审美实践的产物。由于艺术类专业内容指向的特殊性,考查艺考生是否具有相应的艺术素养意义重大,这也是近几年来一些实行单招、校考的院校在面试中设立"艺术鉴赏"环节的原因。

3. 政治素质

广播电视编导人员专门从事精神产品的生产,精神产品具有很强的社会引导性,因而在这方面对制作人员提出了较高的要求。作为一名编导,从事艺术生产,实质上就是从事社会主义精神文明建设的相关工作,因而需要具备马克思主义的世界观和方法论。考官会着重考查考生是否具备过硬的政治素质,思想上是否存在偏激、狭隘,价值取向是否异于他人等。

4. 语言表达能力

除了业务素质过硬以外,对广播电视编导人员的语言表达能力也都有着相当高的要求。在考场上,越来越多的考官注重考查学生的语言表述能力,或寻找考生是否具备将来从事广播电视编导所具有的公关能力等方面的潜力。以往高校招生更注重考生的笔试内容,但考生进校培养后才发现有些内在素质不错的学生,由于不善于与人沟通交流,毕业之后很难适应工作需要,就业率不高。这几年面试分值在总分中的比重不断加大,学生的语言表达能力已成为考查重点之一。

三、面试形式

1. 单独面试

江苏省广播电视编导专业联考面试形式即为考生考试现场回答问题,

主考官与考生单独面试。这也是当前最典型且最普遍的面试形式。

单独面试又包括两种情况:一是只由一个主考官负责整个面试的过程;二是由多位主考官参加整个面试过程,但每次均只与一位应试者交谈。一般来说,在面试环节中,考官对考生发问,考生听后回答,考官发问的数量一般为4—5题。单独面试相比较于集体面试,其优点是考生可以把控面试的节奏,而且问题也相对较随意,面试双方能够较深入地交流。单独面试时,考生面对着陌生而严肃的考官,需要有良好的心理素质和充分的应考准备,做到沉着冷静、应答自如。

《江苏省2016年广播电视编导专业联考考试说明》将考试内容概括为:"考生考试现场回答与广播电视编导专业知识及专业能力相关的问题。"很多专业知识点的掌握不是考生短期突击攻坚就能完全掌握的。根据以往的面试经验,单独面试所提出的问题范围多集中在以下几个方面:① 文艺文学类,考查考生文艺素养是否扎实,对诗词歌赋、历史人物、著名历史事件等的知晓程度;② 社会热点类,考查考生对于国家政治、社会热点以及影视热点等相关热门事件与政策内容的了解程度;③ 专业基础类,考查考生对专业知识的认知程度、报考的初衷以及对基本概念的掌握;④ 个人成长类,了解考生的性格、爱好、特长、经历等基本情况,判断考生的优势何在以及考生具备何种潜力,是否可以进一步进行挖掘和培养。

面试主要考查考生的专业素养和综合素质两方面的能力,通过面试,考官不仅可以了解考生的知识积累、学识深浅,更重要的是可以了解考生的口语表达、心理素质、应变能力、性格特点等是否适应未来的学习和职业发展,考生是否具备作为一名未来广播电视传媒人的基本素质。

2. 集体面试

集体面试可以较好地体现出应试者的人际沟通能力、洞察与把握环境能力、组织领导能力等。在集体面试中,通常要求应试者进行小组讨论,相互协作解决某一问题,或者让应试者轮流担任领导主持会议、发表演说等,从而便于考官了解考生的组织协调能力和领导沟通能力等。

无领导小组讨论是最常见的一种集体面试方法。通常会给一组考生(一般是5—7个人)提供一个相关问题,让考生进行讨论。众考官坐在与应试者保持一定距离的地方,不直接参与提问或讨论,通过观察考生的举止、倾听考生的言谈,从而为应试者进行评分,此种面试题目一般具有很强的特殊性、情景逼真性、典型性及可操作性。

四、面试内容

面试内容主要有自我介绍、即兴评述、回答考官提问、命题小品、作品朗诵、才艺展示等考试科目,每个院校在招考时会选择其中的具体项目内容进行考核,考生应当在备考的过程中对相关内容的把握做到有的放矢,有针对性地进行练习。

(一)自我介绍

考查形式:以考生自我口述为主,间或有考官的提问。

考查能力:通过自我介绍环节,考官可以对考生的自我认知能力和价值取向进行考查,对面试者基本的逻辑思维能力、语言表达能力、总结概括能力进行初步的了解。

考查内容:自我介绍是考生基本信息的呈现,主要包括考生的姓名、家乡、爱好、特长、性格、对专业的认识等,可以为之后考官的提问提供方向或来源。

(二)回答考官提问

考查形式:这一环节主要以考生与考官面对面的交流为主,考试时间约为3分钟。

考查能力:考查考生的性格爱好、特点特长;口头表达能力、艺术感悟能力、独立判断能力和生活观察能力;心理素质、临场应变能力、创新思维能力。考查考生是否具备今后学习和将来从事本专业所应具备的基本知识。考查的内容具有很强的综合性和广泛性,面试的各测评要素在回答考官提问这一环节设置中均得到了一定程度上的体现。

考查内容:主要分为非专业问题和专业问题。非专业问题,考官主要是围绕考生的自我介绍中自己感兴趣的方面进行提问。而专业问题则涵盖专业知识的各个方面,考生需认真准备。

(三)即兴评述

考查形式:即兴评述主要是让考生针对所提供的题目内容进行自我论述,回答内容近似一篇小论文,评述时间一般不超过3分钟。

考查能力:考查考生快速思维和组织语言的能力、口语表达能力以及心理素质。这一环节要求考生思维敏捷,快速组织语言能力强,记忆力强,同时,它也是对考生知识功底、文化素质的检验。

考查内容:即兴评述的题目都是议论性的,内容基本上都是在高中生所应了解与掌握的知识、常识、时事水平的范围之内。题目大体上可分为话题、新闻、名言警句、材料四类。

(四)命题小品表演

考查形式:命题小品表演一般为6—8人一组,由考官出题,考生进行表演,考官给出题目后,考生有5分钟左右的时间进行构思。考生需根据题目设计好自己要表演的情景和自己的行为动作。

考查能力:命题小品表演主要是对考生的想象力、表现力进行考查。

考查内容:一般考官会给考生设置一个具体的情景或者事件,表演内容与动作由考生自由发挥。

（五）作品朗诵

考查形式：考生朗诵自备稿件或者考官所提供的稿件，考试时间一般为2分钟。

考查能力：在作品朗诵环节中，主要对考生的声音条件、形象气质、语言表达、情感抒发等方面进行考查。

考查内容：考生朗诵的作品体裁不限，但为了更好地抒发情感，一般要求朗诵散文、现代诗歌、古诗词等。

（六）才艺展示

考查形式：以考生的自我才艺展示为主，考试时间为2—3分钟。

考查能力：考查考生的特长与爱好，旨在为考生提供一个自我展示的平台，从而全方位地了解考生。

考查内容：才艺展示的内容主要是表演性质的，比如声乐、舞蹈、器乐、小品、戏曲、武术等。而像书画类等需要花费较多时间展示的才艺，则主要通过呈示获奖证书及作品原件的方式进行展示。

江苏省2016年广播电视编导专业招生考试说明中，指出面试科目包括才艺展示和综合素养考查。其中才艺展示限在演唱、演奏、舞蹈、朗诵、小品五类中任选一项进行展示，综合素养考查内容是让考生现场回答与广播电视编导专业知识及专业能力相关的问题。

《2016年安徽省普通高校招生艺术专业统一考试模块一考试说明（试行）》中明确指出其考试形式和内容包括以下几个方面。

1. 形象气质

（1）考试目的。

按照广播、电视、网络等电子传媒受众的基本审美标准，综合考查考生的身体自然条件、气质修养、上镜效果、着装举止等情况。

（2）考试形式及要求。

考试形式为考官面测。

2. 作品朗读

（1）考试目的。

通过朗读自备文学作品，考查考生音质音色、普通话语音与吐字发声、对作品的理解与感受能力、语言表达的内外部技巧。评判考生是否具备学习本专业的基本条件。

（2）考试形式及要求。

朗读自备文学作品一篇，体裁不限（诗歌、散文、小说、寓言等），限时 1.5分钟。

3. 新闻播报

（1）考试目的。

通过考生对新闻类稿件的播报，考查其对新闻语体样式的把握情况。

（2）考试形式及要求。

现场抽取并播读指定新闻类稿件一篇。

4. 即兴评述

（1）考试目的。

通过命题即兴评述，考查考生在交流语境中口语表达及话题驾驭能力、思维敏捷程度、临场心理控制能力、语言组织能力，考查考生对社会问题、生活现象的认知广度和思维深度。

（2）考试形式及要求。

从现场抽取的 2 则材料中自选 1 个即兴评述，要求思维活跃、主题明确、逻辑严密、内容新颖、富有个性，限时 1.5 分钟。

5. 模拟主持

（1）考试目的。

通过模拟主持广播、电视、网络等电子传媒中不同类型的小栏目，考查考生的角色匹配、主持特质、镜头形象、语言表现力及亲和力、肢体副语言运用情况等。

（2）考试形式及要求。

模拟主持小栏目，栏目形式自定（新闻评论类、综艺娱乐类、生活服务类等），内容自备，限时 2 分钟。

面试科目和内容对考生的综合素质与能力进行重点考查，利于由外到内考查考生的言行举止，为高校选拔广播电视编导、播音与主持艺术等专业人才提供了基本依据。

五、面试流程

1. 提前到达

考生应在考试的前一天对面试场地进行了解，做好路线设计、车程计算、周边环境熟悉等准备工作，尤其对从住处到面试地点需用多少时间，要心中有数。如果不熟悉路况，最好考试当天早一些出门。考试当天宜提前半个小时到达，以免发生突发状况，也便于考生熟悉考场内外情况，放松身心，从而更坦然从容、沉着冷静面对考试。

2. 准时入场

遵守考场时间是考试中极为重要的礼节之一，按约定时间处事不仅仅是个人基本的社交素养，更展现了考生对考试的重视以及重诺守信的做人准则。试想，一个连自己的时间都管理不好的人，很难期望他在以后的学习中能努力勤奋，一丝不苟。而且从考生的角度来说，准时到达，可以让自己在进入面试考场前有足够的时间平复心情、熟悉考场情况，反之，若气喘吁吁地闯入面试考场，往往会给考官留下鲁莽、草率、急躁的印象。

3. 面试答问

答问过程是面试的主体，回答得好坏也是决定成绩高低、成功与否的关键。面试答问时间通常为几分钟至十几分钟,考生应预先了解面试答问过程,以使自己信心增加,做到临危不惧,从容应对。即兴的面试答问推进往往是"自然发展"的,考官根据考生的反应和表现来发问,如果是由多位考官主持,则谁都有可能询问任何事项。有周详计划的面试则是有组织、有系统的,如果是由多位考官主持,往往各人负责按预先计划好的顺序大致提出某个范围的问题。这类面试的过程大同小异,应试者可以大概预知。面试答问过程大致分为以下三个部分。

(1)开端。面试时可能是考官与考生初次见面,所以面试一开始通常围绕一般性社交话题展开,大多比较友善、客套、较随意,目的在于拉近彼此的距离,帮助应试者消除紧张等,最常见的话题可能是"你来自哪里"等。

(2)发展。这一阶段的问题主要围绕考生所填报的各项资料展开。考生要想在这一阶段应答得体的话,就需在面试前做好充分准备。可以准备一份自己的简历,面试前重温一遍所提交给考官的简历内容。一旦考官发问简历里所提到的内容时,便可以从容解释或补充。这个阶段考官的提问往往是简短而直接的,但倘若考生事前未有好好准备,便可能会变成单调的资料复述,导致交谈无法顺畅地进行下去。而且有不少问题看上去似乎比较简单,但实际上不容易应对,如"为什么你的数学(或语文)成绩不够理想?""你参加过哪些课余活动?"等。又如在简历内容中,如果考生提到喜欢阅读,考官则有可能会让考生介绍一两本自己所欣赏的书或杂志。

对这些看似简单的问题,如果没有充分的准备,在考场上可能会不知所措,或者做出较为幼稚的回答。因此,应事先进行充分准备,以免考试中仅仅重复一些已经提供给考官的基本资料,从而浪费了一个非常有利于展现自己的机会。

(3)高潮。本阶段目的在于判断考生对所报考的专业的认识和了解程度,即考查考生是否具备今后学习和从事本专业所应具备的基本知识和专业素养。所以,在考试当中考生要尽量向考官清晰有效地传达自身相关讯息,包括个人形象、气质、特长、性格、爱好、普通话水平、文学艺术修养、语言表达能力、思维活跃程度、综合素质、思考范围的广度与深度等。

4. 面试结束

面试结束时考生应有礼貌地与考官告别,使用礼貌用语,也可鞠躬道谢,以使整个面试过程圆满结束。面试之后,回到家里,应该仔细整理整个面试的过程,力求将每个面试提问细节都记录在面试笔记中,对自己的面试情况做全面评估,并认真总结经验。应学会从面试中分析各种因素,积累经验,下次面试才会更加出色。尤其是报考了多个院校的考生,每参加完一所院校的招生面试,应及时回顾总结,积累经验,同时要学会收拾好心情,全身心投入下一次的面试中去。

第二节　面试高分必备核心能力

在艺考中,面试环节占有重要的一席之地,有时甚至关乎艺考整体的成败。考生往往会因为缺乏面试的有关经验,缺少相应的锻炼,从而导致了考试中紧张心态的出现,甚至丧失自信心,无法发挥出自己的真实水平,直接导致最终结果不尽如人意。其实,只要掌握面试技巧和具备一些基本素质,很多难题都可以轻松化解。这就要求考生有针对性地了解面试中的各个环节,对所要求具备的能力进行有计划、有目的的练习,对具体面试形式和考试范围进行用心准备,那么在面试环节中才能游刃有余、轻松迎战。结合《江苏省 2016 年广播电视编导专业联考考试说明》面试目的中提出的要求,以及全国多所实行单招、校考的院校发布的招生简章中面试的相关介绍,我们对考生提出以下四大面试高分必备核心能力的要求。

一、社交礼仪能力

（一）常见问题

面试中出现的应试问题，基本都是与艺考传媒学习、实践相挂钩的，而这也是很多考生所缺乏的，通过往年的面试经验以及与许多考生的深入沟通，我们总结出考生在面试时主要存在以下几个社交礼仪方面的问题。

1. 有不良行为动作

考场上，不少考生经常会显现出平日里的一些习惯，如方言频出、小动作频频显露、站姿不稳、跷二郎腿等。其实，考官此刻正在暗暗地观察考生的行为举止，而考生正是由于某些不拘小节的不良动作习惯，破坏了自己的形象，使面试的效果大打折扣，甚至导致面试的失败。常见不良行为动作往往有，① 手：摆放不当最易给考官留下不良印象。如双手总是动个不停，频繁出现玩弄领带、抠鼻、抚弄头发、掰关节等动作。② 脚：不由自主地不停晃动、前伸、翘起等，会给考官留下不良印象。③ 眼：常闪现出惊慌失措，或躲躲闪闪，该正视时目光却游移不定，易给考官留下缺乏自信的印象；另外，直盯着考官，又难免给人压迫感，容易引起考官的反感。④ 脸：或呆滞死板，或冷漠无生气等，会给考官留下一种反应迟钝、茫然无知的印象。

2. 有不良用语

在面试的过程中，由于日常说话的习惯，面对考官时，一些考生不能很好地使用礼貌用语，甚至不自觉地频出粗话，这都是在考场中一定要避免的。在候考的过程中，考生一定要认真听清工作人员的指示，对于工作人员给予的一些安排或者提醒要做到礼貌回应。回答考官提问时，要彬彬有礼，谈吐文雅庄重，体现自己良好的道德素质和修养。

面试中常见的不规范用语有：

（1）随意和考官攀谈。很多考生以为在考场上和考官"套近乎"可以拿到面试高分，所以就会在考试当中抓住一切可能的机会试图与考官拉近关系，殊不知，刻意地套近乎很可能会引起考官的反感，从而得不到理想的分数。

（2）回答不当。当被问及"请你告诉我一次失败的经历"时，如果回答诸如"我想不起来我曾经失败过"等，不但不符合实际，还会让考官无从了解考生更多的信息。又如："你有何优缺点？"有的考生回答："我可以胜任一切工作。"当被问及"关于能否考上，你的期望值是多少？"时，有些考生会反问："成败就看你们的了。"这样就显得很不礼貌，容易引起考官的反感。

（3）身份本末倒置。例如，面试快要结束时，考官有时会问考生："请问你有什么问题要问我们吗？"于是有些考生开始了自己的发问："请问你们学校有多大？ 招考比例有多少？"等等。参加面试，一定要摆正自己的位置，像上述的这些考生，就是没有把自己的位置摆正，提出的问题已经超出了应当提问的范围，难免使考官产生反感。

（4）长篇大论、滔滔不绝。虽说面试是在展示自己，但切勿滔滔不绝、喋喋不休。考官对考生的长篇大论往往会比较反感。其实，回答问题只需针对重点，简洁流畅，有的放矢即可。

（5）无原则地过度赞美。很多考生为了拉近与考官的距离，见到考官就表现出一副"自来熟"的样子，过分亲昵，甚至言辞间对考官进行夸张的赞美。由于考生对考官并不十分了解，泛泛的肤浅赞美很容易说错话或把人置于尴尬境地，从而引起考官的极度反感。

3. 有不良态度

一些考生会因为过度自信而产生自负的情绪，从而表现出目空一切、盛气凌人的态度。一些考生言谈举止中带着令人反感的自傲态度，这会给考官留下特别不好的印象。还有一些考生在面试的时候态度比较冷漠，对于考官的提问，回答不积极，这会让考官感觉该考生不重视此次面试，从而影响面试的分数。

面试中常见的不良态度有：

（1）逞强好胜、以自我为中心。有的考生一入面试考场，便进入无拘无束、神采飞扬的状态，处处显示高人一等，唯恐考官发现不了自己身上的闪光点。不管考官愿不愿意，主动上前与他们一一握手，然后不紧不慢地就座；对考官提出的各种问题，均表现出不屑的样子，回答问题时总喜欢以"我以为""我主张"这一类词汇开头，有夸夸其谈、思考肤浅之嫌。本来有些问题自己确实答不上来，但自作聪明，东拉西扯地乱讲一通，宁可答偏了重点，也不愿做个老实人。这样做不仅容易贻笑大方，而且会使考官感到考生易骄傲自满、敷衍了事，不可信赖。

（2）固执地同考官较劲。特别要注意的是，考生应避免在那些与面试并无实质关系的问题上同考官争论。有些考官为了测试考生的性格，会故意制造一些有争论的问题，比如对于一个知识性问题，考生即使答出了正确答案但考官仍然故意说答错了，这时考生要表现得沉着冷静，避免同考官进行过激的争论。即使考官坚持怀疑考生的陈述，考生也应微笑着做出恰当的解释，以不引起争论冲突为宜。

（3）假扮完美。想要在很短的面试时间内，把问题回答得既周到又全面往往是不现实的。对考生而言，只要能够真实地把自己的想法表达出来，把自己最好的一面呈现给考官就是胜利。盲目地假扮完美甚至在考官面前刻意说谎"包装"自己是非常不明智的。

（二）应对方法

在面试备考阶段，考生应首先反思总结自身存在的问题，分条罗列出来。明晰缺点之后，再找老师、家长或同学模拟面试的环境和过程，逐一改掉自身的不良习惯。面试无小事，处处关大局，要从自身小毛病、小缺点入手，耐心改正。

考生可以在日常生活中注意锻炼培养以下方面的能力，从而在考场上正确应对面试。

（1）学会做时间的主人，合理管理好自己的时间。

（2）多学习，提升创新能力。创新能力是当今时代所需要的能力素质。

（3）良好的沟通能力是走向成功的途径之一，要学会友好地与人沟通交流。

（4）具备临危不乱、化险为夷的能力，能促使人走向更高的境界。

（5）面对困难时，不要选择逃避，应学会主动迎接挑战。

（6）自我情绪控制是强者的必备条件，学会做情绪的主人。

总之，一定要在日常生活中注重培养这些良好的习惯，日积月累，当走进面试考场时，言谈举止就能自始至终斯文有礼、不卑不亢、大方得体，从而增加面试成功的机会。

二、分析表达能力

（一）常见问题

1. 心理压力过大，语言表达不流畅

表现为张口结舌、啰啰嗦嗦，或语言表述卡壳严重，甚至表达不出来等。语言表达不流畅直接影响答题质量。

2. 用语过于随便，口头语过多，不够正式

表现为不能正确运用广播电视编导专业语言进行表达，答题语言过于随意；没有站在艺考生的角度来答题，情绪表达过于激烈，易引发考官的反感。

3. 语言缺乏层次感，逻辑性不强

在迅速组织语言的过程中，很多人平时说话条理性、逻辑性不强的问题就很容易暴露出来，在考场上说话经常颠三倒四，语意不清，逻辑跳跃严重，让考官听得一头雾水，理不清考生表达的内容脉络，这样会直接影响考官对答案的

听取，进而影响到考生成绩。

（二）应对方法

1. 注意语言流畅

有的考生态度似乎很冷漠，当考官问道："最近看过什么书吗？"考生往往直截了当，不假思索地回答："没有。"类似这样的回答，内容太过于简短而且终止了和考官聊天的话题。当然，如果单纯只回答"看过"二字，也是欠佳的。考官的真实想法是让考生讲一讲最近看了什么书，从中有什么收获等。过于简短地回复考官，易给考官留下畏首畏尾，不能畅快地表达观点的感觉，从而影响面试得分。

2. 注意逻辑

考生的语言表达能力与思维能力是考官评分的重要依据。在回答考官提出的问题前，不妨在脑海里快速组织思路，然后分条理一一作答。在讲述答题思路时，可以加上"首先""其次""再次"或是"第一""第二""第三"等序列词，以清晰地呈现自己对问题的理解。

3. 注意日常训练

（1）增强自信，说话的时候不要怕出错。平时要多加刻苦反复留心练习，有了自信，就能控制好说话的语速。

（2）多与人交流，尤其要学会与陌生人交流。平时要多留意，学会跟各类人群沟通交流，主动提升自身语言表达能力。

三、临场反应能力

（一）常见问题

考场上要求考生临场反应迅速，保持沉稳的控场能力，大方内敛和积极向上会给考官留下良好的印象,而实际上考生却常出现以下几种问题。

1. 随意打断考官的提问

考生初进入考场时,往往会比较紧张,当考官问及的问题,考生又恰好知道,这时会很容易表现得兴奋而出现打断考官提问或者通过不停插话来刻意掩饰自己紧张情绪的现象,这样做显得很唐突,往往会被看作没有礼貌,甚至是不成熟的表现。例如,考官问:"你知道冯小刚……"发问还没有结束,有些考生会因为激动又急于展示自己,而直接打断考官的提问。其实或许考官原本是试图发问"你知道冯小刚参加了哪个综艺节目吗?"等。

2. 盲目乐观自信

对于考生来说,自信极其重要,只有自信,才能有良好的心态面对考官,做到言谈举止彬彬有礼,才能与考官进行良好的沟通。面试中需要自信,这种自信不是盲目自信,而是建立在对考官保持敬畏之情,或是由衷的尊敬基础之上的,要避免和考官交流时态度清高或傲慢。很多考生为表现出自己的标新立异,对任何一个问题,不管是非曲直,总是试图表现出与别人不一样的观点,甚至固执地同考官"抬杠"争辩。这些往往都会影响面试得分。

3. 过度紧张

考生存在紧张的心态是正常的,面试中适度紧张也常常有利于考生的发挥。但过度的紧张往往会导致发挥失常。不紧不慢、不卑不亢是一种态度,要让考官感觉到面前的这位考生是一个对自己负责、敢于表现自己的传媒人才。所以,既然无法回避紧张,那么就要正视它,以适度的紧张激发起积极的状态。

(二)应对方法

要练就良好的临场反应能力,应注意以下几点。

1. 控制语速

进入考场后,因为考场内部的气氛并不是平时所能够经常接触到的,一些考生身在其中会产生强烈的紧张感,有个别心理素质较差的考生进入考场后甚至会吞吞吐吐说不出话来。更多的考生会表现出语速加快,这往往导致思维跟不上表达的节奏而出现混乱。如果考生在考场上出现这种情况,就要及时调整心态,其实很多时候考官的年龄和自己的长辈一般,只要将平日里和长辈说话的节奏和语气用于面试即可,不必慌乱。在考场里可以停下来告诉考官自己有些紧张,考官往往会适当引导,及时给予安慰:"不要紧张,慢慢讲。"考生也不妨试一试以深呼吸来放松身心。

2. 提高音量

由于紧张的缘故,考生往往声音偏低,考官一直处于面试状态中往往比较疲惫,如果考生声音很低,会引起考官的反感,而且会给人留下一种自信心不足的印象。试想,对于回答的内容,考官听不清怎么会给高分?考生一般站在距离考官4—5米的地方(大多数考场地板上有标注距离),平时说话的音量是最低的要求,尤其是在下午参加面试的同学,切记一定要适当提高音量,让考官清楚地听到自己的陈述。提高音量,自信心会随之增长,紧张感也会逐渐消失。

3. 融入手势表达

考场内,部分考生在紧张的状态下会出现一系列如抠手指、卷衣角、推眼镜、抹鼻子、抖腿等极其不自然的动作,这些常常会一览无余地暴露在考官面前,成为失分的因素。既然考生在紧张的状态下会出现这些小毛病,那不妨充分利用手势等肢体语言,在回答考官提问、表达自己看法时融入适当的手势表达,如此会显得比较自如和成熟。这就要求考生在平时学习的过程中多加练习,这样在考场上才能使手势成为真实状态下的自然表达。

4. 坚持主流观点

考生要以一种积极乐观的心态面对考官,展现出阳光开朗的一面。这在一定程度上和考生的性格相关,不能强求,但是应牢记不可在考场上表现出负能量。例如,考官问:"你喜欢读书吗?"考生回答:"不喜欢,从不读书。"那面试结果可想而知。

5. 注意目光交流

眼睛是心灵的窗户,注视考官时,目光要自然、真诚。与考官交流时,可以将目光放虚,不要死死地盯着考官或者考官身后的某样东西,或者频频把目光抛向窗外,这些都是考生缺乏自信的表现。尤其是与考官相对视时,不要慌忙移开目光,应当顺其自然地对视几秒,这样才显得坦然自若,容易取得考官的信任。回答问题时,眼睛要有目的地进行环视,应该用目光去照顾到每一位考官。不能一味地只盯着主考官说话,而忽视了其他在座的考官。

6. 保持微笑

面带微笑,可以有效缩短与考官的心理距离,向考官展现出善良友好、平和欢愉的心态,这容易引起考官的好感和兴趣,从而为深入的对答交流营造温馨和谐的氛围,有效地缓解考生自身的紧张感,也带给考官轻松愉快的感受,让他们在繁杂的考生面试工作中心情舒畅。

四、思维判断能力

思维是人头脑中进行逻辑推导的属性、能力和过程。在面试的过程中,思维能力在一定程度上体现着考生的基本素质,思维能力的强弱会直接影响考官对考生的评分高低。

（一）常见问题

广播电视编导专业的招生面试并不是碰运气、拼亲和力,实际上是考生综合实力的竞争,很多考生都在疯传面试已经"形式大于内容",但教育专家告诉我们,面试的形式的确可以为良好的沟通创造更优条件,但面试的内容才是真正取得面试成功的关键因素。大多数考生在高压环境下容易出现思维中断或者停滞情况,思考不够深刻,那么回答的内容自然也就很难获得高分。

1. 缺乏逻辑性

面试和日常交流的逻辑表述有很大的不同。其中最大的区别在于考官和考生没有共同的生活背景,一旦进行交流,往往会出现考生自我感觉说得似乎很有逻辑,但考官就是听不明白的现象。面试时间非常有限,考官不可能像朋友或者家人一样了解考生的说话方式,同时考官也无法对考生的背景知识进行充分的了解,因而往往会认为考生逻辑不清。

2. 缺乏辩证的思维

很多考生缺乏辩证思维,往往只能发现问题的其中一面。当今社会复杂多变,各种思潮时刻影响着考生的"三观",一些考生受较偏激思想潜移默化的影响,导致思维陷入死胡同,碰到一些棘手的问题,想法通常比较简单、很容易偏激,往往只抓住局部便使劲抨击,无法辩证地看待问题出现的原因并寻找解决问题的办法。

3. 思维深度不够

很多考生的思维深度和广度都比较肤浅,对于一些社会现象的分析,往往认识比较简单,说不到核心点上,或者干脆分析不出原因,只会泛泛而谈。例如,被问及环境破坏问题,多数考生都会回答出现原因是滥砍滥伐,解决办法是多种植被。这样的答案多数是由于思维深度上没有深入,思维广度上欠缺拓展造成的。如果深层次思考,就会发现,该问题出现的客观原因是我国正处于工业化中期,发展方式粗放、经济结构不合理,高污染、高能耗、资源型企业占很大比重,不可避免地会造成对环境的污染和破坏。深层次原因是制度改革不到位、体制不完善、机制不健全。还有制度衔接不到位、落实或执行不力等原因。显然,对该问题的回答,后者优于前者。

(二)应对方法

以下主要围绕思维的逻辑性、思维的广度、思维的深度这三个方面说明应试要点。

1. 思维的逻辑性

在面试的过程中,我们特别要注意思维的逻辑性,严谨的思维过程才能使语言表达呈现出层次性和流畅性,否则言语上前后自相矛盾,会给人逻辑混乱之感。

思维的逻辑性通常要以中心内容为线索展开发挥。为了突出自己的中心论点,考生可采用结构化的思维过程。回答问题时,开宗明义,先下结论,然后再做叙述和论证,条理清晰地展开主要内容。最后,要在话题末尾做一个小结。尤其是对于一些时间、空间、逻辑结构不明显的叙述,考生可以在结尾言简意赅地做一个总结,带给考官清晰、完整的感觉。

此外,为增强言谈的逻辑结构,考生可以多使用一些序列词,如"首先""其次""再次"等,加强句与句之间承上启下的关系,并突出话语间的逻辑。

2. 思维的广度

假设将问题置于一个立体空间之内,我们可以围绕该问题多角度、多途径、多层次、跨学科地进行全方位研究,因此也称为"立体思维"。这就要求考生学会全面、立体地看问题,观察问题的各个层面,分析问题的各个环节,大胆设想,综合思考,有时还要做突破常规、超越时空的大胆构想,从而抓住问题的重点。

(1)日积月累,厚积薄发。面试本质是一种信息的交流,而这种交流是建立在信息充足的基础上的,也就是说,这种交流是有意义、有内容的。因此,想要在面试的时候内容更加充实,思维更加开阔,在准备的初始阶段就要做好知识积累的工作,为拓展思维提供素材,包括对时政热点知识、哲理故事、专业知识等的积累。

(2)经验迁移,触类旁通。高中生的社会经验、各类实践经验都较欠缺,因此学会经验迁移十分重要,考生可以将日常所经历、所看到、所听到的都搜罗起来,变成自己面试中回答问题的素材,才不至于一看到情境类题目时就完全茫然,无从下手。考生应该在平时多培养自己的观察能力,通过训练观察能力增强思维活跃性,从而更好地在面试答题的过程中触类旁通、旁征博引、引人入胜。

(3)以点带面,点面结合。一些考生在回答问题时经常会出现长时间停顿的现象,或者说得过于笼统,缺乏具体内容,这是由于思考不够充分和完整而造成的。因此,考生应该学会在思考的过程中运用发散性思维和矛盾分析法,从一个中心词语出发,找到与之相关的两到三个词语,逐一做矛盾分析。在答题的时候以这些词语为中心,组织起句子即可。这种办法一方面可以帮助考生全面思考问题,另一方面也增加了答题内容的内在逻辑性,能够呈现出发散性思维,层次感更强。

3. 思维的深度

思维的深度是指我们考虑问题时,要深入客观事物的内部,抓住问题的关键、核心,即事物的本质部分来进行由远到近、由表及里、层层递进、步步深入的思考。我们将其形容为"层层剥笋法"。

(1)深入思考。从专注个别事件到洞悉系统的潜在结构,系统地思考和看待世界,不只是关注一个个孤立的事件,而是要看到事件之间的相互关联与作用模式以及发展趋势,更要进一步看清影响、推动该模式与趋势发生的潜在的"结构"。比如,看到跌倒的老人没有人扶起,不能只是一味地责怪路人的冷漠,而是要深入地思考挖掘产生这种现象的原因。

(2)辩证思考。辩证思考要求我们看待事物时要着眼于整体,从整体出发,把各个部分、各个要素联系起来,统筹考虑,优化组合,形成对事物的完整、准确的认识。

例如,在艺考面试的过程中,考官为了考查考生的辩证思考能力,提出"如何看待贫富与快乐的关系"这类辩证的问题,这时考生可以这样回答:我们不能说贫穷就一定痛苦,也不能说富有就一定快乐。物质上的富有和精神上的满足都不是快乐的必要条件,真正的快乐取决于我们对于快乐的认知。

第三节　面试准备指导

一、专业知识准备

1. 知识记忆

考生需要记忆的知识内容主要包括专业知识和文艺常识两个方面,大部分的知识往往很琐碎,给考生的记忆带来了一定的困难。因此,考生在考试前夕,应当对自己的专业知识和文艺常识进行系统的梳理,使得碎片化的知识点在脑中形成知识框架,进而形成自己的知识体系。此外,对于难点和高频考点要有针对性的重复记忆,做到烂熟于心,脱口而出。这样,考生在考场上遇到类似问题才能够从容应对。

2. 表达训练

考生在考试前对于表达的训练主要集中于自我介绍、即兴评述、文学作品朗诵、回答考官提问这几个方面。在备考阶段,考生可结合本书后面章节的相关解读,根据自身的实际情况,制订适合自己的复习计划。制订的计划要有所侧重,针对自身出现的问题"对症下药"。在训练时,考生可以对着镜子,改正自己的不良行为,端正面部表情,通过练习找出不足,争取把自己最好的一面呈现给考官;若自己难以找出问题,也可以考生之间结对练习互相纠正或者找老师给予专业指导。

3. 考前突击准备

临考之前,为了快速提高成绩,考生可以着手进行以下准备。首先,应对高频考点以及开放性问题的回答重点反复再记忆。例如,"你最喜欢的导演是谁""你最喜欢的一本书是什么"等类似的开放性问题通常是面试中的高频考点,考生可以提前准备好回答的内容,更要想好怎样回答才能更精彩、引人入胜,给考官留下深刻印象。其次,模拟考试。考生可以按照考试的情景,在老师的协助下结合历年考题进行实战练习。在练习中一旦发现问题要及时解决,从而快速提升应试能力并增强考生的自信心。

二、考场心理准备

1. 及时做好心态调整

面对抽到的进场顺序,几家欢喜几家愁,喜的或许是"早结束早超生"的壮志豪情,愁的或许是漫漫等待何其忧。既然进场顺序已定,无论何种心绪,都要坦然面对。因此,考生应及时调整好自己的心态,要时刻告诉自己:考官不是以自己的出场顺序定分数,而是以答题的质量论英雄。

2. 自我梳理,自信候考

进场前可以让自己闭目休息,回忆自己的复习和备考内容,尤其可对面试的重点题型再进行思路和内容的梳理,以便进入考场后能有效应对。同时,面对不时来袭的紧张情绪,不妨多多进行一下"我是最棒的"的自我心理暗示,增强自信感,从而更轻松地步入考场。

面试时,考生要接受多个考官的审视,迎接多方的目光,这是造成紧张的客观原因之一。考生可以将眼神主要停留在主考官的脸部,同时照顾到主考官左右各一位考官。这样既可显示自己自信、从容,又能消除紧张感,显得不慌乱盲从。在面试过程中,考官们可能会交头接耳,小声议论,这是很正常的,不要把它当成自己的精神负担,而应视为提高面试能力的动力,增加自己的信心,提高面试的成功率。

3. 保持宠辱俱忘的"平常心"

在竞争面前,人人都会紧张,这是一个普遍的规律,也是客观存在的事实。要接受这一客观事实,同时要进行积极的自我心理暗示,提醒自己平静下来。常用的方法是把说话音量提高一档,将面前的考官当熟人对待;掌握讲话的节奏,娓娓道来;或握紧双拳、闭目片刻,或主动与周围同学调侃两三句等,这些方法都有助于消除紧张。不要把考试成败看得太重。"谋事在人,成事在天",要暗示自己,如果这次不成功,还有下次机会;这次即使考试失败了,还有下一个面试机会在等着自己,而且也不能说明自己一无所获,可以通过分析这次面试的得失,总结出宝贵的经验,以崭新的姿态迎接下一次的挑战。在面试时,不要总想着究竟能不能考上,应把注意力集中到问题回答上,这样也可以消除考试的紧张感。

三、面试着装准备

1. 领形的选择

领形是最靠近脸部的,具有很强的装饰性和修饰性,对一个人的形象有很大的影响作用。所以,一定要根据自己的脸形和颈形来选择领型,使其起到美化和修正脸形的作用。

从颈部来看:脖颈细长,适合高翻的衬衫领、圆形领,对较长的脖颈可以起到收缩的作用,还可以在脖颈处系一条与服装颜色和谐搭配的小丝巾,不仅能够起到点缀的作用,还能美化修正细长的脖子;脖颈短粗,则适合 V 形领,领口偏大一些,穿衬衫时最上面的 2—3 颗扣子不扣为宜,这样可以起到拉长、延伸脖颈的作用。

2. 服装图案的选择

服装图案的选择也是考生需要注意的问题。应该选择一些线条比较简单,清晰度高,颜色比较单一的花形图案,尽量不要选择那些窄条纹、小细格、小碎花,或者由不同颜色形状组成的图案,这些往往给人以比较模糊杂乱的感觉,可能会使我们干净、简洁、端庄的形象大打折扣。

3. 服饰颜色的选择

由于在考试录像的过程中,考生是唯一出现在整个画面中的人物形象,选对了同自身形象相和谐的服饰色彩,就能给自己的形象锦上添花。那么,应该怎么来选择、搭配呢？不同的色彩会带给人不同的心理感受,比如,红色会给人热情开朗、积极向上的感觉;粉色会给人浪漫、温和的感觉;橙色会给人健康、温暖、活跃的感觉;黄色会让人觉得充满活力,充满希望,生机勃勃;绿色会让人觉得清新自然、安全、愉快;蓝色会带给人宁静、沉稳;紫色是高贵、优雅、神秘的颜色;黑色显得端庄、严肃、执着;白色象征纯洁、善良、天真;灰色是稳重、内敛的颜色。

第二章

CHAPTER TWO

自我介绍

查阅各大高校艺术专业招生考试历年考题，"自我介绍"是大多数院校必考的环节，有的院校即使没有专门设置这一环节，但是在实际面试中还是会让考生做一个简短的自我介绍，考官基于考生的自我介绍相应发问。为什么招生考试中如此看重"自我介绍"呢？

从面试考官角度来看，通过自我介绍，首先可以最快速度进行"阅人"，了解考生的基本情况。其次可以对考生的语言表达能力和形象气质做出大致判断，也便于考官依据考生的自我介绍内容提出问题。

从考生角度来看，自我介绍是正式进入面试的"敲门砖"，是考生的世界观、人生观、价值观以及学习履历、逻辑思维、篇章文笔等全方位能力展现的重要环节。所以，考生考前对自我介绍准备得是否充分，介绍内容是否独具特色，很大程度上直接影响面试是否能够获得成功。

多年来，自我介绍始终出现在各大院校面试考查内容中，直接关系到考生留给考官的第一印象。所以，考生必须精心准备自我介绍的内容，通过自我介绍得到考官的认识甚至获得认可，从而顺利赢得面试"第一仗"。

第一节　自我介绍要领

自我介绍环节可以初步考查考生的自我认知能力和价值取向，让考官对考生基本的逻辑思维能力、语言表达能力、总结概括能力能够有一个初步的了解。独具特色的自我介绍至关重要，自我介绍的要领包括以下几个方面。

一、时间把控

自我介绍的时间过长，会让考官觉得拖沓冗长，浪费时间；自我介绍的时间过短，又会显得内容单薄，很难让考官获取到充分有效的信息，考生从而浪费了一次展示自己的机会。这就要求考生把握好自我介绍的时间。根据我们多年的实践研究经验，以下就"不限时自我介绍"与"限时自我介绍"进行简单的分析。

（一）不限时自我介绍

一般情况下，面试自我介绍时间以 3—5 分钟较为适宜。时间分配上，考生可根据情况灵活掌握。一般地，第一部分开场白可以用约 1 分钟，第二部分个人情况可以用约 2 分钟，第三部分对未来的畅想等可以用 1—2 分钟。

自我介绍要能突出重点，让人印象深刻，这就取决于考生的准备工作是否充分。如果事先准备了自我介绍的主要内容，并分配好各部分所需时间，抓住这三五分钟，考生就能中肯、得体地表达出自己的个性特点。

考生可以根据自我介绍的三部分内容来分配时间：第一部分主要是开场白，包括介绍姓名、家乡、年龄、性格等；第二部分主要介绍个人情况，大致包括成长经历、爱好、特长、担任班干部情况等，可以结合自身实际来举例说明；第三部分可结合自己所报考的有关专业，谈谈以后的学习目标或自己的理想。通常情况下，每分钟 180—200 字的语速是比较合适的。这样的语速可以让听者感到比较舒服，也能更加有效地传递信息。

（二）限时自我介绍

考官有时候会将自我介绍的时间缩短，如请考生"做一个 1 分钟的自我介绍"。遇到这种情况，考生可以精选事先准备的自我介绍内容，突出重点，如可只展现与报考专业相关的能力。

在有限的自我介绍时间内,考生要整理出重点表达的内容,如基本的个人资料陈述;可以选择突出介绍自己优势的内容,展现出自己个性中最有利的特质;切忌对提交给考官的材料中已经提及的内容不断地重复介绍。

二、内容把控

(一)开场白

好的开场白不仅能够简洁而准确地说明考生自身情况,而且能够在较短的时间内迅速引起考官的关注,从而给考官留下深刻的印象。

1. 姓名

介绍姓名的关键在于用多种角度强调自己的名字,甚至通过把名字翻新加深留给别人的印象。考生要介绍出自己的姓名与众不同之处,有哪些亮点,尽力介绍完之后能让自己的名字深深嵌入听众脑海。

有一位同学叫马五一,因为出生在五月一日,所以外号"马六"。还有一位同学叫李欢,小名叫欢欢,她说她的名字比较大众化,有一天楼下的奶奶不断地叫着:"欢欢。"她认定是在叫自己,结果下楼一看,一条小狗从眼前跑过。

上述两位同学博得考官青睐的优势就在于他们的自我介绍生动幽默,没有千篇一律地一句话带过:"我叫某某某,今年多少岁。"所以,考生平时应留意并搜集生活中关于自己姓名的趣闻,可以询问父母或家人给自己起名字时的寓意,加以利用并融于自己的自我介绍中。

2. 家乡

关于家乡的介绍,可以通过网络查询到很多详尽的资料。需要注意的是,不能一味大篇幅地介绍自己的家乡,否则会跑题,导致自我介绍成了家乡简介。考生可以在网络上搜索关于家乡的相关介绍内容,整理后精简为几句话即可,并且内容要与自身或与所报考的专业相结合,否则单纯介绍家乡没有任何意义。例如,考生可以在介绍完家乡后强调:"我希望考入编导专业,学习如何拍摄纪录片,用自己手中的摄像机,记录家乡的美好!"等。

3. 年龄

很多考生都喜欢在自我介绍里说"我叫某某某,今年多少岁",其实这种关于年龄的介绍没有任何意义,考生大多数都是处在相同的年龄阶段,除非年龄超大或极小,否则这样一句"我今年18岁"毫无内容特色。

年龄的介绍如何巧妙得体,而不落入俗套,需要每位考生用心思考。例如,自己的生日是不是和某个重大节日相关,或者自己出生的时候有没有哪个重大的事件发生。只有这样用心地表达出来才会与众不同,引得考官刮目相看。例如,"我出生的那天正好是1997年7月1日香港回归,因此,我小时候有个外号叫'回归宝宝'"。

4. 性格

描述性格一定要结合自身实际情况,不要用套话或是空洞的语句来形容。例如,我们常常听到考生这样介绍自己:

"我是一个双面性格的人,有时外向,有时内向。"

"我敢爱敢恨,性格倔强。"

"我静如处子,动如脱兔。"

"我特别爱笑,是一个性格爽朗的人。"

这样的例子举不胜举,这些无实际意义的语言放在自我介绍里面很大程度上是浪费时间,容易使考官产生厌倦心理,遇到这样毫无新意的自我介绍面试成绩可想而知。因此,为了避免雷同,考生一定要把自己的性格特点逼真地讲述出来,让考官产生新鲜感,同时也能让考官更加直观和立体地了解考生。例如,一位考生描述自己特别喜欢与人聊天,他在自我介绍当中说道:"我特别喜欢与别人聊天,您要是不信,可以问我家小区门卫大爷,方圆两公里以内没有人不知道我的名字。"这位考生靠举例取胜,尽管看似夸张,但是合理的玩笑引起了考官的兴趣且展示出了自己的开朗性格。

（二）爱好与特长介绍

很多男生喜欢体育活动，所以在介绍爱好与特长时建议考生选择需要团队密切合作的体育活动，如篮球、足球、排球等，原因在于播音员、主持人与广播电视编导等都需要在工作岗位中与他人密切合作，不注重团体合作很难有出色的成绩。有的考生从小学习某项乐器或者具备某种特长，这些都是自我介绍内容中的亮点。有些考生的爱好是读书、旅游、摄影、登山、写作、看电影等，虽然这些相对普遍广泛的爱好被使用得很多，但如果考生真的喜欢，大可不必担心与他人相似，因为只要是自己发自肺腑的热爱，在考场上就会有一种强烈的自信感，这是完全可以打动考官的。但是如果爱好与特长都不在此的考生，切记不要随意欺骗考官。因为考场上的每一句话都可能会成为考官随后提问的出发点。例如，一些考生说自己很喜欢看书。考官直接问道："你最近读了哪些书？请你讲讲其中你最喜欢的一段话。"这个看似简单的问题却让很多考生在考场上尴尬无比。

（三）结束语

常言道："好的开头是成功的一半。"当我们在以近乎完美的开头和精彩的过程博得考官的青睐之后，一个精妙的结束语就像品茶之后的幽香，能够萦绕在考官的心头，让人回味无穷。结束语通常包括总结和感谢两个部分。

1. 总结

结束语不宜过多，要少而精。总结既可以是对前面自我介绍的高度概括，也可以是以后自己的目标和理想展望。但不论是哪种都要与考生自身报考的专业相关联，这样才能凸显出考生对所报考专业的热爱与未来从事相关职业的热情。例如，一个报考传媒类专业的考生可以这样的话语作为结束：我希望能有机会深入幕后，了解幕后人员的日常工作。所以，我选择了广播电视编导这个向往已久的专业,希望我可以在大学中学到更多专业知识和技能,不断完善自己。

2. 感谢

感谢不仅仅是出于礼貌,更是要让考官感觉到考生是发自肺腑地感谢考官给予自己机会,感谢考官的辛苦付出等,还可以深鞠躬的体态语来向考官表达谢意。例如,"能够参加这次面试,接受各位老师的指点,我感到非常荣幸。无论最后结果如何,这次面试的经历和各位老师的指点都是我人生中的宝贵财富之一,我会倍加珍惜,谢谢",并辅以深鞠躬的体态语。

第二节　自我介绍应试技巧

自我介绍作为开放性的考试环节,要想发挥出色完全掌控在考生自己手中,掌握一些应试技巧是十分必要的。进行自我介绍前,可以先向考官点头示意,得到对方回应后再做介绍,介绍自己时应真实坦诚,不可弄虚作假,只有在这种良好的交谈氛围中,才会给考官留下良好的第一印象。

一、自我介绍注意事项

(一)口语化交流

考生的自我介绍大都是在考前写好的,考生在完成自我介绍写作与修改定稿之后,要把自我介绍背熟,然后对着镜子或是在家人、朋友面前反复练习,要做到自然流畅,不要给听者有书面语交流的生硬感。自我介绍时的终极目标就是能以日常口语化方式与考官自然亲切交流。

（二）身体语言的表达

1. 注意目光交流

考生如果连考官的眼睛都不敢于正视,不敢和考官形成眼神等方面的交流互动,那么很容易暴露自身的一些弱点。眼睛是心灵的窗户,透过考官的眼睛也许能够感受到对方的欣赏或信任,考生的自信心会随之倍增。当然也不要忘记,考官人数多于一位以上时,考生的目光要及时有效地进行扫视,以争取让自己的眼神照顾到每一位考官。

2. 面带微笑

考生在考场里往往都会比较紧张,始终面带微笑是缓解紧张的有效方式之一,也是对考官的基本礼貌。考官通常会比较喜欢开朗外向的考生。太过呆板木讷或情商较低的考生,往往得不到考官的青睐。

（三）自我介绍内容不能跑题

自我介绍要始终把握一个主旨,即突出自己适合该专业学习的性格特点等。有的考生在考场里说自己喜欢一位导演,结果整个自我介绍都在讲述这位导演的伟大。有的考生介绍自己的家乡,结果强调自己家乡美食众多,于是便开始介绍美食小吃等。将自己适合所报考专业学习的良好个性、精湛才艺等呈现给考官,这是艺考自我介绍的根本。

（四）真实坦诚,讲究态度

在面试自我介绍时,要大方、自然、友善、自信,不要畏畏缩缩,也不要轻浮夸大,态度应真实坦诚,内容不可弄虚作假,言谈举行要不卑不亢。

在面试过程中,考官常常会设置一道或几道测试考生的性格和为人处世原则的题目。有的考生为了在考官心中留下好印象,对自己的缺点故意隐瞒甚至加以粉饰,结果欲盖弥彰;有的考生自己对问题有看法但不敢大胆表达,给考官一种想法简单的感觉。这样的情况考官自然不会打高分。考生自我介绍时应做到真诚坦率,一是要将自己的个性特点特别是缺点和不足坦诚相告,不加掩饰;二是对别人的优点要发自内心地称赞,不可为了表现自己或突出自己而肆意诋毁他人;三是要敢于大胆地表达自己的见解和主张,真诚大方地进行陈述。

二、自我介绍误区

(一)过多介绍个人爱好

介绍个人爱好时要讲求"度",不能仅兴致盎然地介绍如登山、打球、听音乐等广泛性的爱好,并且要注意,个人爱好不等于个人特长。

(二)介绍内容头重脚轻

有些考生一开始就开场白讲得眉飞色舞,以致于忽略了时间,猛然发现时间很紧迫,只好把重要的内容一带而过,从而导致重点不突出,虎头蛇尾问题严重,让考官对其能力产生怀疑。

(三)内容空洞,过于简单

自我介绍内容要求简洁、简略,但这不等于简单。考生的自我介绍要想获得满意的分数,必须用事实说话,靠生动取胜。自我介绍的内容最好每一句话都要有信息点,都是一个事实,少发议论、少做评价、少有抒情,尤其有些考生追求所谓的"文采"或"哲理",尽发没有意义的豪言壮语,导致自我介绍内容空洞乏味,千篇一律。

（四）自满和说谎

在做自我介绍时，全部事实不一定都要说尽，但说出来的一定要是事实，一定不要说谎，不要把自己吹嘘得无所不能。说得太完美，考官大多都已经阅人无数，轻则会认为考生自我认知能力不够，重则会认为考生有说谎之嫌，品行不好。考生坦然面对过往经历中的一些曲折，不能一味假扮完美，或许更能赢得考官的欣赏。

第三节　自我介绍实例评析

【考生1自我介绍】

尊敬的各位老师，大家好。我叫孙梦雪，梦是梦想，雪是雪花，是父母对我纯真美好的期盼，更多的是希望我能坚持自己的梦想，不与世俗同流合污，永远保持本色，不因任何事物轻易改变自己想走的路，现在我正在我向往已久的道路上努力奋斗。

我出生在人杰地灵的苏州，这座古城处处散发着的浓郁的文化气息和独特魅力深深熏陶着我。我在班里担任团支书一职，为了做好这项工作，必然要投入一定的时间和精力，但是在我看来，这样的付出可以换来与更多人接触交流的机会，从而广交朋友，吸众所长，达到锻炼自身的目的。我非常希望以后能用自己的声音为大家传递生活中的美。

点评

"尊敬的各位老师,大家好。我叫孙梦雪,梦是梦想,雪是雪花",先向考官问好,并且开门见山介绍自己,对自己姓名的描述朗朗上口,便于考官记忆。接下来,"是父母对我纯真美好的期盼,更多的是希望我能坚持自己的梦想,不与世俗同流合污,永远保持本色,不因任何事物轻易改变自己想走的路,现在我正在我向往的道路上努力奋斗"。这段话没有任何实质性意义,都是空洞的言辞,不够真实可信,或许还会让考官觉得太过做作,不如换成讲述自己是如何坚持梦想的努力过程,这样显得更加真实可信。另外,"不与世俗同流合污"一句会让人感觉作为高中生,思想上显得不够积极健康。"我出生在人杰地灵的苏州,这座古城处处散发着的浓郁的文化气息和独特魅力深深熏陶着我。"这座古城散发的浓郁文化气息是如何熏陶自己的? 对自己的成长有何意义? 介绍家乡固然很好,但是对面试的考查目的没有任何意义,考生面试的目的就是向考官介绍自己,介绍家乡的意义在于向考官展现自己对故乡的了解、热爱,愿意成为一名媒体人记录家乡的美好。考生自我介绍中说出的每一句话要始终与自己所报考的专业相联系。"我在班里担任团支书一职,为了做好这项工作,就必然要投入一定的时间和精力,但是在我看来,这样的付出可以换来与更多人接触交流的机会,从而广交朋友,吸众所长,达到锻炼自身的目的。"这段话就比较好,避免了上面介绍中华而不实、矫揉造作的缺陷,结合自身担任班干部的经历向考官传达了部分个性特点信息,往往会让考官耳目一新。自我介绍就是向考官展现自己的优势与长处,从日常担任班干部的处事历练中得到的品质也必将带到大学校园里,考官能不喜欢吗?"我非常希望以后能用自己的声音为大家传递生活中的美。"作为一名报考播音与主持艺术专业的学生,用这一句话匆匆收尾,显得头重脚轻,结尾不妨加入一些自己的想法或对日后学习生活的憧憬与希冀。

综上所述,该考生整篇自我介绍主题不够明确,尤其是对于自己的介绍太过简短。可以用一两句话讲讲自己的优缺点、爱好与特长,学习生活中的一些难忘记忆,历练中有哪些经验习得,自身具备哪些优良品性等。这样才能够将自己更加真实地展现在考官面前,让考官感受到真实新鲜!

【考生 2 自我介绍】

　　各位老师好,我叫杨腾腾,我出生在江苏南京,父母给我起这个名字是想让我的生活每天都蒸蒸日上,充满活力,就像现在不断发展的南京一样。可是并没有如他们想象的一样,比起喧闹的人群我更喜欢独自漫步,我不喜欢与人交流,对每个人都很温和。同学有时候会问我:"班长,你留过级吗?"我说"没有",他们总是用不信的眼光看着我,"不像啊,你看起来好成熟而且很高冷",于是我会把我的身份证直接甩在他们脸上。

　　对了,我是我们班的班长,起初当这个班长只是想锻炼一下自己,为未来打基础做铺垫。事实证明,我的确从这里学会了很多,忍耐、理解、沟通,这些东西都使我更加成熟。但是,这些对我来说都是次要的,我渐渐明白当初的决定并不只是锻炼这么简单,我不甘平凡,不甘无声无息,我可以很安静地坐在角落,但即使如此我也要散发光芒,我要的是就算我是一块石头,那也要是一颗钻石。

　　我知道成为钻石的路很难很苦,但只要我认定,我不会让任何人,成为我路上的绊脚石,我会一步步得到我想要的,就像我从一个默默无闻的学生变成学生会的一员,从平凡的一员变成副部长最后成为一班之长。我认定的哪怕爬着我也会走完,而且我要以最光彩的形象站在所有看轻我、激励我、相信我的人面前。这就是我,现在,我认定了这条路就一定会走完,而且会走得很好。介绍完毕,谢谢各位老师。

第一段:"各位老师好,我叫杨腾腾……"考生文笔不错,能够将家乡的特点与自己联系结合在一起,但是文中有一些内容太过激烈,不够积极健康。例如,"我不喜欢与人交流"一句,建议直接删掉,面试中,考官不会喜欢一个不愿意与他人交流的学生,担心其今后无法融入集体等。"我会把我的身份证直接甩在他们脸上"一句,反映了考生个性太过强烈,一般不会受考官欢迎,此处可用较缓和的语气表达"每当此时,我都会用身份证证明自己",并辅之以微笑的表情。

第二段:"对了,我是我们班的班长,起初当这个班长只是想锻炼一下自己,为未来打基础做铺垫。事实证明……但即使如此我也要散发光芒,我要的是就算我是一块石头,那也要是一颗钻石。"该段内容很励志,彰显了男儿的雄心壮志,展现了一位成熟可靠有领导风范的优秀高中生的品质。但个别语句表达太过随意,如"对了"一词表达太过随意,结合上文情境,此处不妨改为"没错"。

第三段:"我知道成为钻石的路很难很苦,但只要我认定,我不会让任何人,成为我路上的绊脚石,我会一步步得到我想要的,就像我从一个默默无闻的学生变成学生会的一员,从平凡的一员变成副部长最后成为一班之长……"该段反映出一个很多考生都会出现的问题,性格太过特立独行! 表达志向可以,但有时性格太过张扬反而不利于获取考官的欣赏。此外,整段话泛泛地在表达志向,没有和所报考的专业相结合,只有与专业联系起来才会使自我介绍更契合实际,大段的泛泛而谈不免会让考官有烦躁疲惫之感。

【考生 3 自我介绍】

戏马台前秋戏马,燕子楼中燕子回。各位老师好,我来自南秀北雄的彭城徐州。我叫周天宇,父母为我取天宇二字是望我有天宇胸襟,乾坤志向。我常常告诉自己要加倍努力,不让他们失望!

　　我的个性阳光向上,闲暇的时候喜欢弹着尤克里里享受一份惬意。课余的时候,在老师的指导下,我还和同学按原比例制作了一辆仿汉代车马,虽然比不上原来那精巧绝伦的做工,但是在制作的过程中,我懂得了团队协作的重要性。我善于交际,能够在自己的朋友圈中不断充实注入新的"血液",俗话说"人品都是攒出来的",因为有着好脾气,遇事冷静沉着,班里的同学都很信任我,觉得我是个可靠之人,有什么事情也都愿意找我倾诉。

　　好奇心是打开未知世界的一扇窗。我对未知事物有强烈的好奇心和求知欲。每当我看到求生探索类节目我就会被它深深吸引,甚至比荧屏中的人物更激动,但我深知正是幕后人员的默默付出,才有了这一场场视觉与听觉的盛宴。我希望能有一个机会深入幕后,了解这些幕后人员的日常。所以,我选择了广播电视编导这个向往已久的专业,希望我可以在大学中学到更多专业知识和技能,不断完善自己。

💬 点评

　　第一段开门见山,结合家乡与自己的姓名,二者相得益彰,有了一个不错的开头。

　　第二段文笔贴近生活,表达到位,真实可信不做作。需注意一点,在说这段话的时候可以加上表情,辅以笑容,让考官知道自己是一个阳光开朗的学生。

　　第三段通过与专业相结合来收尾。通篇自我介绍基本达到了"凤头猪肚豹尾"的要求,内容充实,向考官展现了阳光向上、积极好学的个性特点。

【考生 4 自我介绍】

老师们好,我叫刘佳琪,佳代表好的,琪代表美玉,父母给我这个名字是想让我成为性格好而且富有智慧的人,并给予我很大希望。

不熟悉我的人都觉得我是一个温柔文静的女生,但其实我很开朗,平时大大咧咧像男孩子一样,所以我有了"琪哥"这个绰号。我平时笑点很低,普通的一个冷笑话都能引起我的大笑,因此我长出了同龄人都没有的鱼尾纹。

我的家乡是古代兵家必争之地风景秀丽的徐州,徐州的云龙湖现已成为省级风景名胜区,无论工作日还是节假日,云龙湖的景致都会吸引大批游客前来观赏。

 点评

可以看出这是一篇未完成且"临时抱佛脚"匆匆准备的稿件,如果在考场上如此表达,考官会觉得考生敷衍了事,分数自然不会打高。

第一段姓名的介绍稍显普通,没有太多亮点。

第二段文风自然幽默,值得其他考生借鉴学习。要记得在说完"因此我长出了同龄人都没有的鱼尾纹"这句话之后,配合微笑,加以适当的手势,指一下眼角,可展现给考官亲切可爱阳光的一面。

第三段只是单纯介绍了家乡,没有和考生自己的个性、所报考的专业等相联系,所以此段表达可谓无用功,只有将所报考的专业与自身性格特点相结合才能发挥自我介绍的真正作用。

【考生5 自我介绍】

各位老师好！我叫夏子清，有很多人问我"夏子清"的"子"是什么意思，说起来特别逗，我刚生下来的时候医生告诉我妈妈生的是个男孩，可是后来才发现我是个女孩。

我喜欢游泳，我的夏天几乎没有闲着的时候，一家人去海边玩的时候，我竟然因为没有看见父母，当着其他游客的面大哭了起来，大嗓门把一旁的人都吓坏了，现在想想好丢人！

在高中生活中，我担任班文艺委员。班里大大小小的文艺活动都由我操办，还为班级赢得了荣誉。与此同时，我也喜欢参加和组织各种文艺活动，既可以为班级做贡献，同样也可以陶冶自己的情操。为此，我选择了编导专业。谢谢各位老师。

💬 **点评**

全文共介绍了姓名、爱好、高中生活三个层面，没有介绍自己的其他方面，显得准备不足，往往会被考官认为是草草应付，考官甚至会由此推断出该考生态度不端正，进而直接影响到面试分数。

第一段还需要用精练的文笔讲好这个趣闻。

第二段看似在说爱好，实质是为了凸显考生的嗓门大，但是并没有和自身所报考的专业相结合。

最后一段尚可，不足在于考生想到了要和自身所报考的专业相结合，却写到"为此，我选择了编导专业。"如此简单的一句话，转折得太过唐突，而且两者承接的因果关系很弱。整篇自我介绍不仅文笔需要润色，态度也需要端正。

第三章

CHAPTER FOUR

回答考官提问

回答考官提问是面试环节中常见的考试形式之一,不同于笔试中用文字与考官交流,回答考官提问是面对面和考官进行沟通交流,面试的结果直接取决于考生在回答问题过程中的言谈举止表现。因此,准确把握面试中的回答方法和技巧就显得至关重要。

本章中,笔者从回答考官提问概要、技巧解析、应试指南等方面做了详细而全面的解析和指导。在研究历年真题的基础之上,总结整理了回答考官提问这一环节中常见的文化知识、专业知识等,并且在有关真题的基础上进行了相应扩充,旨在扩大考生的知识面。希望考生通过对这一章节的认真学习,掌握回答考官提问的有关技巧方法,在面试中取得优秀成绩。

第一节 回答考官提问概要

艺考面试中,回答考官提问这一环节是对考生语言表达、心理素质、思考判断、艺术感受、生活观察等能力的综合考查,考官通过考生对各种问题的回答情况来寻找考生所具备的一些潜在能力,考生回答时不必揣摩考官的意图而刻意迎合考官心理,积极思考问题给出自己的回答即可。通常这一环节中的绝大部分问题没有标准答案,因此考生也没有必要去苦思冥想正确答案是什么,只需把自己对问题的想法、看法向考官一一陈述并表达清楚即可。

一、考试目的

这一环节重点考查考生的性格特点、爱好特长;口头表达能力、艺术感悟能力、独立判断能力和生活观察能力;心理素质、临场应变能力、创新思维能力。考查考生是否具备今后学习和从事本专业所应具备的广播电影电视基本能力等。考查内容非常综合,具有很大的涵盖性,面试中的各测评要素在回答考官提问这一环节中均得到了体现。

1. 考查考生的基本能力

(1)语言表达能力:是否言之有理、反应敏捷、叙述流畅等。

(2)基本逻辑思维:表达是否条理清晰、层次分明等。

(3)综合分析能力:是否能够发现问题实质、核心矛盾等。

(4)观察问题的能力:观察周边事物是否细致、细腻等。

(5)心理承受能力:是否能快速做出临场反应。

(6)判断能力:观点是否鲜明还是人云亦云。

2. 考查考生的专业能力

(1)创造性思维能力:是否具有创新思维。

(2)思辨能力:是否具有思考辨析能力。

(3)艺术感受能力:是否对艺术具有敏感性。

(4)形象思维能力:是否敢于想象与联想。

二、考试内容

要求考生现场回答与所报考的专业相关的问题,主要考查范围涵盖该专业的基础知识、专业能力,中学教材所涉及的文学艺术常识、历史常识、地理常识等。

三、考试形式

考官现场提问,考生进行相应回答,时间不超过 4 分钟,一般分为开放式提问(主观题型)和封闭式提问(客观题型)。

（一）开放式提问（主观题型）

常见题型主要有以下几种：

• 你认为作为一个导演（编导或编剧）应具备哪些方面的能力？

• 你认为自己有哪些适合当导演（编导或编剧）的优势条件？

• 简单（或用三句话）阐述你对春晚（中国电视剧、中国电影）的看法。

• 你认为商业电影的发展能促进电影艺术的发展吗？简单说明一下理由。

• 谈谈你对"80 后"作家的看法。若让你选一部文学作品改编成电影，你会选哪一部？理由是什么？

开放式提问主要考查考生思考问题是否全面、有针对性，思路是否清晰，是否有新的观点和见解。开放式提问看似随意，但考生在回答时切忌漫无边际的"高谈阔论"而导致答非所问。一般来说，问题大多与考生所报考的专业有关，可以间接地考查考生对这一专业的认识和了解，考查考生的认知程度，判断考生是否具有相关专业所要求的素养。

（二）封闭式提问（客观题型）

常见题型主要有以下几种：

• "唐宋八大家"的称谓最早源于哪一个朝代？

• 列举一个你所知道的"一个成功的失败"的历史事件。

• 前、后《赤壁赋》写作时间相差约多少天？

• 电影《英雄》当年票房是多少？投资是多少？

• 《新闻联播》现有固定主持人有几位？分别是谁？

封闭式提问主要考查考生知识面是否宽广，生活中是否留心观察并思考，是否具备相关专业所要求的基本知识和常识。封闭式提问一般都具有固定的答案，诚然一些问题会让考生感觉很奇怪，但是切忌胡蒙乱猜，给考官留下不诚实的印象。在这一环节中，一方面考查考生日常知识的积累，另一方面考查考生对待未知问题的反应和态度。

第二节　回答考官提问技巧解析

一、开放式提问常见问题

考生的自我介绍内容往往是考官提问的问题来源，考生在自我介绍当中暴露出大量的信息：家乡、特长、性格、爱好、梦想等，这些全部为考官的提问埋下伏笔。所以，我们很有必要对自我介绍的内容进行全面地毯式的延伸并做重点准备，要想到我们自我介绍中的每一句话都可能成为考官提问的话题来源。

考官通常会从考生的自我介绍中抽出信息点，引出一个话题，以便对考生做进一步了解。例如，当考生谈到自己的家乡时，考官有可能询问家乡出过什么名人；当谈到父亲是教师时，考官可能询问考生父亲是教什么课的。这些都是平常人际间的谈话交流，并不是"偏题""怪题"。而所谓"答案"，都是考生知道而考官并不知道的，不存在"对与错"的问题，考生只要如实回答即可。

因此，考生准备自我介绍时，对每个信息点都要做好被提问到的准备。有些考生的自我介绍内容是请人代写的，自己也只是照背，考官稍一追问就会"露马脚"。如一位考生说他家乡出过左宗棠等名人，但考官仔细一问，他却说左宗棠是大作家。又如某考生说他在全国比赛中多次获奖，一问才知只是在某次"××杯"比赛中得过一次奖,而并非"多次"。这就会给人以夸大其词、言过其实之感。类似情况如果再次出现,考官甚至会怀疑考生是否具备诚信品质。

考官提出的话题,通常是他比较感兴趣的,所以自我介绍要有些"卖点",以此吸引考官。而考官最不感兴趣,甚至反感的是千篇一律、千人一面的"参赛宣言",是人人都可以照搬的"决心书",考生应极力避免出现此问题。

二、开放式提问回答技巧

考生在面对提问时,往往对开放性问题不够了解,不易把握,因此我们针对考生在回答开放式提问中可能出现的问题,就以下几个方面并结合有关示例做出指导和分析。

(一)厚积薄发,考场上从容应对

考生务必要结合自我介绍的内容,想一想哪些话会成为考官的出题发问点,有些考生自我介绍很精彩,但当考官结合考生的自我介绍当中的信息发问时,却常一问三不知。

考生可以按照下面的例子多练习,平时就要多加思考,认真总结,考场上方能从容应对考官的提问。例如:

戏马台前秋戏马,燕子楼中燕子回。各位老师好,我来自南秀北雄的彭城徐州。我叫周天宇,父母为我取"天宇"二字是望我有天宇胸襟,乾坤志向。我常常告诉自己要加倍努力,不让他们失望!

我的个性阳光向上,闲暇的时候喜欢弹着尤克里里享受一份惬意。课余的时候,在老师的指导下,我还和同学按原比例制作了一辆仿汉代车马,虽然比不上原来那精巧绝伦的做工,但是在制作的过程中,我懂得了团队协作的重要性。我善于交际,能够在自己的朋友圈中不断充实注入新的"血液",俗话说"人品都是攒出来的",因为有着好脾气,遇事冷静沉着,班里的同学都很信任我,觉得我是个可靠之人,有什么事情也都愿意找我倾诉。

　　好奇心是打开未知世界的一扇窗。我对未知事物有强烈的好奇心和求知欲。每当我看到求生探索类节目我就会被它深深吸引,甚至比荧屏中的人物更激动,但我深知正是幕后人员的默默付出,才有了这一场场视觉与听觉的盛宴。我希望能有一个机会深入幕后,了解这些幕后人员的日常。所以,我选择了广播电视编导这个向往已久的专业,希望我可以在大学中学到更多专业知识和技能,不断完善自己。

　　(1)"戏马台前秋戏马,燕子楼中燕子回。"此文出自哪里?作者是谁?请再背诵一首关于徐州的诗词。

　　(2)"各位老师好,我来自南秀北雄的彭城徐州。"用三四个字词形容你的家乡,徐州为何称为彭城?徐州有哪些名人?

　　(3)"我叫周天宇,父母为我取'天宇'二字是望我有天宇胸襟,乾坤志向。"你对你的名字满意吗?为什么?

　　(4)"我常常告诉自己要加倍努力,不让他们失望!"你是怎样加倍努力的?说一件你做的让父母失望的事情。

　　(5)"我的个性阳光向上,闲暇的时候喜欢弹着尤克里里享受一份惬意。"介绍一下尤克里里,发源于哪里?盛行于哪里?

　　(6)"课余的时候,在老师的指导下,我和同学按原比例制作了一辆仿汉代车马,虽然比不上原来那精巧绝伦的做工,但是在制作的过程中,我懂得了团队协作的重要性。"你在这其中主要负责什么?都做了哪些工作?

（7）"我善于交际，能够在自己的朋友圈中不断充实注入新的'血液'，俗话说'人品都是攒出来的'。因为有着好脾气，遇事冷静沉着，班里的同学都很信任我，觉得我是个可靠之人，有什么事情也都愿意找我倾诉。"你的同学有哪些事情找你倾诉？列举两例。

（8）"好奇心是打开未知世界的一扇窗。我对未知事物有强烈的好奇心和求知欲。"举一个例子，说说你的好奇心到底有多强烈。举一个例子，说说你的求知欲到底有多强烈。

（9）"每当我看到求生探索类节目我就会被它深深吸引，甚至比荧屏中的人物更激动，但我深知正是幕后人员的默默付出，才有了这一场场视觉与听觉的盛宴。"你为什么喜欢求生探索类节目？请从编导专业角度分析原因。

（10）"希望我可以在大学中学到更多专业知识和技能，不断完善自己。"请你讲讲进入大学后准备怎样学习与生活。

（二）化被动为主动，表达要机智诙谐

考官在考场上对考生进行发问，考生为被动方，一般来说，考官不会刻意刁难考生，往往会从基本问题问起，根据考生回答的情况再进行难度的增加。只要平日里有计划、有步骤地学习与进行知识积累，大多数问题考生都可以自如应答。不少考生在遇到不知该如何回答的问题时，往往会告诉考官自己不知道答案。这种应对思路没有错，但是显得场面太过尴尬，也会让考官觉得考生不能够灵活地化解困境。这里给考生介绍一种解题思路：当遇到不知道的话题时可以化被动为主动。首先，诚实地告诉考官："对不起，我不知道。"这是一种诚实的表现，态度端正也不会引起考官的反感。其次，要学会转换话题，告诉考官："但是我想谈谈……"例如，考官发问："请你说一下宋祖英曾经登上过哪些国际性的舞台。"考生如果不知道，便可以对考官说："对不起，我不太清楚，但是我认为她多次登上过的春晚舞台也可以称

为国际性的舞台,因为互联网的存在,我们的春晚可以让世界上不同国家、不同角落的人们通过网络收看到,这也是国际性的舞台呀。"这个回答虽然没有直面考官的问题,但是化解了不知道答案所带来的尴尬,也会让考官觉得考生头脑灵活,随机应变能力较强。

(三)运筹帷幄,注意言谈举止

1. 掌握基本沟通礼仪

听考官把话说完,这是最基本的礼节,也是体现考生个人素质的一个方面,考官在向考生提出问题时可能会先行阐述问题的出处以及背景,以便考生理解之后作答。考生应认真听完考官提问,尽量不要插话、抢话,不要觉得自己已经有所准备或是知道答案而对考官的话语显现出不耐烦。这既是对考官基本的尊重,也有利于自己全面获取问题信息。

2. 掌握语言表达技巧

语言表达直接反映考生的综合素养。在语言表达中,不仅能体现出考生的逻辑是否严谨,思维是否敏捷,思路是否清晰,还能体现出考生的表达是否流利。与此同时,考生在表达时所体现出的个人态度、举止行为等都会间接地影响面试的评分。

(1)语气平和,音量适中(音量要适量提高)。在考场内,考生一般跟考官之间距离5米左右,如果考生音量太小很可能导致考官听不清楚,女同学的声音往往偏小,更要多加注意,适当提高音量,避免因声音过小而引起考官的反感,尤其是下午时段进入考场的考生应格外注意,考官因工作量大容易疲惫,所以在合理范围内把声音放大也可以起到提醒考官的作用。

(2)口齿清晰,表述流利。用普通话交流,这是对艺考生最基本的要求之一,将来走向工作岗位,尤其是出镜采访,如果普通话不标准会直接影响观众获取信息。所以,考生应对自己的普通话进行评估,发音吐字不标准或方言口音较重的要进行纠正,在日常生活和学习中要坚持使用普通话,提升普通话水平。

（3）把握重点,条理清楚。首先,回答的内容不能太简单也不能太啰嗦。考官的问题属于主观题时,开放性较强,个别考生却不愿意多说,简单一两句话就结束了聊天,这样的做法极不可取。考生要充分理解考官的问题,自觉进行发散性的思考、回答。其次,表达时要注意逻辑。考生回答时,应尽力把逻辑思路整理清晰,可以通过使用连接词,显现出表达的逻辑性,让考官觉得回答的内容条理清晰、思维缜密。

（4）知之为知之,不知为不知。考官的提问听不清或弄不懂时要进行询问。考生在考场上有可能因为各种情况而没有听清楚考官的提问,这个时候要记得再次向考官求证:"老师,我没有听清楚,能不能麻烦您再说一次?"表现要落落大方,不必害怕,这是考生的权利,也是考官的工作。

（5）坚持主流观点,适度体现个人特色。作为一名未来打算从事传媒行业的学生,要始终端正自己的言行,我们有义务在大众传媒领域内宣扬国家政策与国家倡导的主流价值观。所以,要坚持主流观点,不可在考场上太过彰显个性,说话过于激动或表达的思想过于偏激。

（四）坦然自若,心态要沉稳自信

这是对每一位考生的要求,自信的考生往往在考场上可以获得不错的面试分数,考官往往不会欣赏一个容易怯场的考生,传媒行业工作常常要应对不同的场合,一个沉稳自信的传媒工作者往往更能够得到大家的认可。考生要对自己进行自我鼓励,在日常生活中多加锻炼,培养自己的自信心。

第三节　回答考官提问应试指南

一、常见问题

在回答考官提问这一环节中,不同学校、不同专业、不同考官,面对不同考生,会提出不同的问题,可以说是海阔天空,无所不包。考生如果抱着应试的目的,打算采用"题海战术",是根本行不通的。但是,只要经过一定的准备,很多问题并不难回答。一般情况下考官所提出的问题分为两类,一类与考生自身的兴趣爱好有关,另一类是考生对所报考的专业的相关认识。

(一)兴趣爱好类

在这类问题中,考官往往是通过考生的自我介绍来提出问题。例如,有考生在自我介绍中说到自己爱看电影,那么考官有可能会问:"你最喜欢的电影是什么?"这类问题没有"标准答案",考生如实回答即可。

但也有以下一些例外情况。一种情况是考生从没认真看过一部作品,尤其是没认真读过一本书,平常看电视也是遥控器在手,频繁更换频道,缺乏深入思考。有考生解释"进高中以来,从没看过一部电影",或是"功课忙,家长不许我看电视"。这种回答当然不会令考官满意。另一种情况是考生看过的电影很多,喜欢的也不少,但当选择"最喜欢的一部"时,却又拿不定主意,舍不得割爱。所以,考生在考前复习时最好认真梳理准备一下,甚至可以遴选出几部电影抽时间再认真看一遍,这比平常无意识看的效果会好得多。只有这样仔细准备后,当被考官问及喜欢的理由时,才不会茫然无措。

当然,每个人的答案是各不相同的,我们绝不强求考生照搬某一模式。没有对错之分,只有回答得好坏之别。

建议考生在回答此类题目时注意以下几点。

第一,要有条理一点。尽量把理由梳理成两三条,逐一进行陈述。

第二,要具体一点。尽量举具体的例子。既有整体印象,又有具体而典型的材料,不要泛泛而谈。

第三,要实在一点。理由不一定要很宏观,也不需要面面俱到,但应该真实、贴切、令人信服。

第四,要有品位一点。这类题目都是开放型的,并没有强求考生的口味跟考官一致。当然,就考生而言,所选的作品应尽量选大家都熟知的,不要选择罕僻的。

(二)专业认识类

为了考查考生对所报考的专业的认识以及热爱程度,从而进一步考查其相关的专业素养,考官往往会就专业方面的知识进行提问,例如,"你为什么要报这个专业?"

针对这个问题,有些考生会实话实说认为搞电视很神气,令人羡慕,可以跑遍全国,可以接触大腕明星;还有考生说自己文化成绩不好,只好报考艺术类,以便以较低的分数迈进大学的门槛。这些回答或许代表了考生的真实心声,但肯定不会给考官留下好印象,因为这样的回答,这样的心态常被认为不是出于成就一番事业的情怀,而只是将来安于"混饭吃"。

另一方面,考官也不喜欢泛泛而谈的空洞抒情。如"我的未来不是梦""给我一个支点,我将举起地球""我要张开理想的翅膀,向着明天翱翔",这些"豪言壮语",类似"参赛宣言",大多缺乏个性化,千篇一律,也会留给考官华而不实、好高骛远的印象。

在此基础上,或许考官会接着问:"你觉得自己具备哪些报考这个专业的条件?"这实际是对考生做进一步的考查,这正是"自我介绍"的延伸。考生可以对自己做一个恰当的评估,以阐述自己的专业优势。考生可以介绍周围环境对自己的影响。例如,父母或其他亲友是从事相关工作的,潜移默化中自己受到了影响,从小喜欢;或者可以说家住在文化宫附近,各种文艺培训很多,耳濡目染地受到了熏陶,从小热爱表演等;也可以说自己的语文老师曾当过记者,在课堂上经常列举采访的例子,使自己对记者工作心驰神往等,最好结合自己的真实故事来进行阐述。也可以介绍自己的特长、爱好,如在日常生活中能歌善舞,自己多次上电视表演节目,或是自己酷爱文学,曾发表过文章,或是说自己动手能力强,头脑灵活,有适合这个专业的资质等。

建议考生在回答此类题目时注意以下几点。

第一,修正思想认识。既不要搞实用主义,也不要表演作秀;既要有一定的思想境界,又不能讲假话。归根到底,这不是答题技巧问题,而是思想认识问题。只有对事业很热爱、对专业较熟悉的人,讲起来才是真切自然、发自肺腑的,才是分寸得当、打动人心的。

第二,结合有关经历。许多考生会回答:"因为热爱,所以选择。"这当然是对的,但可以更真切一点,具体一点。有考生讲他参加过某次电视节目的录制,在现场看到拍摄的经过,萌发了当电视人的愿望。有考生说他听过著名导演王小帅的讲座,了解到拍片中的酸甜苦辣,下决心将来当导演。还有的考生特别讲了"风光"背后的艰辛、付出,讲了自己的精神准备。类似这些分享发生在自己身边的事例或自己的感受、感悟等,也许更能打动考官。

第三,熟悉有关专业。既然要报考一个专业,就应该多一点了解、熟悉、热爱。除了认真学习招生简章和专业介绍的文章以外,最好能与业内人士谈一谈,以增强感性和理性认识。再者是要注意自己所报考的专业与相近、相关专业的区别和联系,不要混淆。比如,知晓导演专业与电视编导、与文艺编导、与制片人之间的区别等。

总之,以上两大类题目不同于平常考试中遇到的"填空题"或"简答题",不存在"对不对",只有回答得"好不好",它也没有什么"标准答案"。回答考官提问其实是对考生的目测,想具体了解一下考生身上在笔试中难以发现的东西,而这些只有当面交谈才能发现的东西,对艺术类专业又特别重要。

二、应考准备

考生可从以下五个方面来准备具体内容。

(一)个人背景方面

1. 关于个人特长、兴趣爱好、性格方面的考查

• 你的特长是什么?

• 你的爱好有哪些?

• 生活中喜欢哪种体育活动?

• 你的性格是内向还是外向?

• 你的才艺学了多久?

2. 关于个人价值观、人生观、道德观的考查

• 你的梦想是什么?

• 为什么选择艺术类专业?

• 如果这次考试失利了你会怎么办?

• 你怎么看待每年艺考大军人数增加的现象?

• 进入大学后你打算怎样生活与学习?

3. 对亲人、友人、陌生人、特殊群体的看法

• 描述一下你的好朋友。

• 谈谈你的家庭。

• 生活中你有没有主动与陌生人说过话?

- 你对街边乞讨现象如何看待？
- 你如何看待广场舞扰民的问题？

4. 对言谈举止、文明程度、音容笑貌方面的考查

- 有没有人说你笑起来像某个明星？
- 男士或女士的基本坐姿有哪几种？
- 你对今天你的服装搭配满意吗？
- 你怎么看待高中生穿奇装异服？
- 你喜欢你们学校的校服吗？

（二）专业认识程度方面

1. 对媒体的认识，对电影、电视等媒体的关注程度及深度

- 目前国产电影票房最高为是哪部？
- 明星跨界当导演你怎么看？举出三个例子进行说明。
- 请说出三个今年内兴起的网络热词。
- 什么叫"国民 CP"？
- 什么是"IP"？

2. 对专业的认识

- 你认为当导演应该具备哪些素质？
- 你认为自己未来适合从事影视行业中的什么职位？
- 请讲一下什么叫作蒙太奇？
- 人物造型光线有哪几种？
- 什么叫作"长镜头"？用一部电影进行举例说明。

（三）文化知识方面

1. 语文教材所涉篇目

- "锄禾日当午"，下一句是什么？作者是谁？

- 说出老舍的代表作是什么。

- 朗诵一首宋词。

- "耶娘妻子走相送,尘埃不见咸阳桥",详细描述一下这个画面。

- 介绍一下《雷雨》的主要人物。

2. 延伸阅读——语文教材所选作品、作家的外延

- 诗集《我的记忆》是谁写的?

- "唐宋八大家"各自代表作有哪些?

- "春秋三传"分别是什么?

- 《卖炭翁》是谁写的?

- 《谈艺录》是谁写的?

3. 梳理自己阅读过并且熟悉的作品

- 你最近读书了吗?

- 《钢铁是怎样炼成的》中保尔的女友叫什么名字?

- 你最喜欢的作家是谁?

- 你是否读过网络小说?

- 你最喜欢的一本书是什么?

(四)时事政治方面

1. 政治经济哲学基础概念

- 什么叫"通货膨胀"?

- 什么叫"风投"?

- 你了解股票吗?

- 现代政治组织的核心单位是什么?

- 中国的周边国家有哪些?

2. 新闻媒体热点话题

- 什么叫"互联网+"?

- 怎样看待国民追韩剧？

- "G20 峰会"在哪里举办？

- 评述"魏则西事件"。

- 怎样看待"网红"？

3. 国家政策内容

- 台湾地区的领导人是谁？

- 社会主义核心价值观是什么？

- 中印友好往来在影视产业中有什么表现？

- 你支持大学生创业吗？

- 你对大学生创业扶植政策了解吗？

（五）"十个一"

"十个一"指的是考场上最常问的问题,这些问题往往相对简单,多和考生的兴趣爱好、个人成长相关,在这里,我们根据多年的考试内容研究列出了十个常考问题,考生要学会举一反三。例如,考官问及最喜欢的导演是谁,也就有可能问及最不喜欢的导演是谁,原因是什么。所以,考生应积极做好相关准备。

- 你最喜欢的一本书/一位作家/一首诗/诗人。

- 你最喜欢的电影/纪录片/导演/演员/明星等。

- 你最喜欢的一句名言/你的座右铭。

- 你最喜欢的一个电视栏目/一部电视剧。

- 你最喜欢的一所大学/为什么报考我们这所大学/你都报考了哪些学校？

- 你最喜欢的一首歌曲/一幅画。

- 你的梦想是什么？

- 你最喜欢的一项体育活动。

- 你最大的优点/缺点。

- 你最喜欢的老师/亲人。

三、真题精讲

下文中,我们以"你最喜欢的导演是谁"和"你都报考了哪些学校"两个问题为例进行说明,考生可以根据所给出的参考答案细细揣摩答题思路。

示例1:"你最喜欢的导演是谁?"

一、参考答案

我最喜欢的导演是亚利桑德罗·冈萨雷斯·伊纳里多。他的处女作《爱情是狗娘》由三个不同的故事组成,故事中的主人公与狗之间的关系是他们自身命运的象征。"多线叙事,时空交错,剪辑有时破碎得毫无章法",这是他在好莱坞立足并且深得奥斯卡评委喜爱的原因,也正因如此,伊纳里多在影坛有了自己独一无二的地位。他导演的作品《通天塔》曾获得奥斯卡最佳影片,他也凭借《鸟人》《荒野猎人》获得了奥斯卡最佳导演。他的作品《爱情是狗娘》《通天塔》均是多线性叙述,结构巧妙。之后的《鸟人》更是震惊影坛,整部电影一气呵成,调度娴熟,让人惊叹他的执着与大胆的想象!

二、答案解析

对于报考广播电视编导专业的考生而言,这是一个经常会被考官问到的问题,如果考生能按照上述思路回答,相信会赢得考官的刮目相看!

对于此类问题,如果考生回答"最喜欢的导演是张艺谋、冯小刚"等等,内容很容易千篇一律,让考官听后觉得枯燥乏味。大家不妨去搜索那些在影坛有着重要地位且不为大众所周知的导演!亚利桑德罗·冈萨雷斯·伊纳里多就是一个特别优秀的导演,非常适用于回答考官提问。

还需要格外注意的是,考生所说的导演,自己一定得看过他的很多作品,并对其作品有自己的想法,不可简单背诵现有相关介绍!因为对于有一定知名度的大导演,考官也对他们有着或多或少的了解,会借机和考生聊片中的画面或细节,如果此时考生答不上来甚至对其作品一无所知,这一环节的面试结果可想而知!

下面我们简单梳理一下亚利桑德罗·冈萨雷斯·伊纳里多的代表作品,建议考生先观看、了解相关导演的作品,才能在考场上更加镇定自若。

1.《爱情是狗娘》

(1)故事内容:

影片有三个故事,都发生在墨西哥,故事之间的唯一共通点就是狗。一场车祸使这三条线产生电击一般的强烈效果,然而,接下来的发展又各行其是,当然,它们在主题上遥相呼应。

奥塔维奥跟哥哥同住,他觊觎嫂子,靠赌狗赚了不少钱,打算跟嫂子私奔;丹尼尔是出版界的成功人士,他抛弃老婆孩子,跟一个美丽的模特儿搬到一起住,然而模特儿在车祸中残废,后来脾气变得很坏,宠物狗又被卡在楼板底下;艾奇弗是一个无家可归的老人,他还是职业杀手,那场车祸打乱了他的计划,从此他开始照料那只受伤的小狗。

(2)《爱情是狗娘》获奖情况:

第73届奥斯卡金像奖(2001年)最佳外语片(提名);

第53届夏纳电影节(2000年)影评人周单元大奖、年轻评论家奖最佳长片。

2.《通天塔》

(1)故事内容:

北非摩洛哥境内的小山坡上,黑人兄弟俩正无忧无虑地放着羊,此时他们的父亲手捧着刚刚从日本朋友那里得来的步枪欣喜地向他们走来。

乱世之中拥有如此稀罕物,自然如获至宝,父亲随意向远处开了一枪以试试手感。随即远远传来一辆旅游巴士的紧急刹车声。

旅游巴士上坐满了来自世界各地的游客,其中一对美国夫妇理查德(布拉德·皮特饰)与苏珊(凯特·布兰切特饰)来荒凉的非洲旅游完全是为了挽救他们濒临崩溃的婚姻,他们留下心爱的孩子在美国由墨西哥保姆(阿德丽亚娜·巴拉扎饰)照顾。在经过了反复的争论以及内心的挣扎之后,两人依然摆脱不了怅惘的心结,正搭巴士奔向下一个目的地。

不料悲剧突然降临,一颗子弹穿过车窗,击中了妻子。为了挽救爱人危在旦夕的生命,理查德千方百计四处求救,怎奈人生地疏、语言不通,连一件简单的情况解释起来都遇到了重重障碍。美国政府很快得知消息,立即展开外交求援;当地警察也迅速发现了肇事的父子,将三人包围在山坡上。

与此同时,远在美国家中的墨西哥保姆很想在离家长达9年之后回去参加儿子的婚礼。于是,她说服侄子(盖尔·加西亚·伯纳尔饰)陪她带着理查德夫妇的两个美国孩子同回墨西哥。在路上,由于人种与肤色以及语言不通等原因,他们被警察当成绑架孩子的嫌犯而遭追捕,继而又与孩子失散。

在遥远的日本,曾赠予非洲朋友步枪的日本人(役所广司饰)亦面临着重重的困境,不久前他的妻子莫名自杀,聋哑的女儿在母亲自杀后更加自闭,并且还靠勾引她遇到的每个男人来宣泄心中的痛苦。短短的11天中发生的事情几近浓缩了这世上所有的不幸,而所有的不幸几乎都源于沟通不畅。

(2)《通天塔》获奖情况:

第79届奥斯卡金像奖(2007年)最佳影片(提名)、最佳导演(提

名)、最佳女配角(提名)、最佳原创剧本(提名)、最佳剪辑(提名)、最佳原创配乐;

第59届戛纳电影节(2006年)主竞赛单元金棕榈奖(提名)、主竞赛单元最佳导演。

3.《鸟人》

(1) 故事内容:

主人公是一个过气的演员(迈克尔·基顿饰),他曾经凭借一个成功的超级英雄角色大红大紫,但后来家庭和事业却一落千丈。为了重拾往昔的荣耀,他计划在百老汇上演一场舞台剧来挽救事业,但是跟他合作的傲慢男主角(爱德华·诺顿饰)却威胁着要把所有东西都毁于一旦。他的女儿(艾玛·斯通饰)也是问题缠身,刚刚从戒疗所里出来,开始做父亲的助手。

(2)《鸟人》获奖情况:

第87届奥斯卡金像奖(2015年)最佳影片、最佳导演、最佳男主角、最佳男配角(提名)、最佳女配角(提名)、最佳原创剧本、最佳摄影、最佳音效剪辑(提名)、最佳混音(提名);

第71届威尼斯电影节(2014年)金狮奖(提名)。

4.《荒野猎人》

(1) 故事内容:

休·格拉斯(莱昂纳多·迪卡普里奥饰)是一名皮草猎人,在一次打猎途中被一头熊殴打成重伤后被同行的船长安德鲁·亨利(多姆纳尔·格利森饰)救下,船长雇用了两个人约翰·菲茨杰拉德(汤姆·哈迪饰)和吉姆·布里杰(威尔·保尔特饰)来照顾他。约翰·菲茨杰拉德根本无心照顾格拉斯,一心只想着将格拉斯的财产占为己有,于是残忍地杀害了格拉斯的儿子,并说服吉姆·布里杰将格拉斯抛弃在荒野等死。两人原以为格拉斯会就此离世,但格拉斯

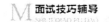
凭借坚强的毅力在野性的蛮荒之地穿行了好几个月,终于回到了安全地带并开始了复仇计划。

(2)《荒野猎人》获奖情况:

第88届奥斯卡金像奖(2016年)最佳影片(提名)、最佳导演、最佳男主角、最佳男配角(提名)、最佳摄影、最佳剪辑、最佳视觉效果(提名)、最佳音效剪辑(提名)、最佳混音(提名)、最佳美术指导(提名)、最佳服装设计(提名)、最佳化妆与发型设计(提名)。

示例2:"你都报考了哪些院校?"

一、参考答案

老师,我目前只考了三四所!但前几所都是三本院校,只是用来保底的,今天考的咱们学校是我的理想院校,我很喜欢咱们＊＊大学。我想说,也正因为有前几所院校的面试经验,让我今天站在这里有了一个更好的状态展现给各位老师。我希望我的这份自信可以赢得各位老师的认可!

二、答案解析

该考生很诚实地回答了考官的提问:今天的考试状态建立在前几所院校面试经验的基础上,希望能以最好的状态迎接理想院校的面试。

提出这个问题的前提,一般是考官对考生很感兴趣。潜台词可以理解为:希望你报考我们学校。

有的考生为了展示自己的专一,会说"我只报考了你们这一所大学",面试官可能会顺其自然地询问:"学校叫什么名字?我们学校建校多少年?我们院长叫什么名字……"。有些考生会答不上来,丧失自信心。

有的考生回忆道:"怎么问的这种问题啊,我根本没准备过啊!"

　　既然如此中意这个大学,考生怎么会不知道这个大学的校史呢？怎么会不知道这个专业所在学院的院长呢？在考官脑海中,考生应该对这个大学了如指掌,因为无比喜欢,以至于只报考了这一所。

　　实事求是的表达需要技巧,如果老实交代,"我考了十几所,你们目前是我报考院校中的其中一所"。考官或许会说:"你还是去其他学校吧。"谁会喜欢"脚踏两只船"的学生呢？

四、考题预测

（一）文艺常识面试题目

（1）请简单介绍现实主义和浪漫主义。

现实主义:产生于19世纪50年代的法国。现实主义提倡客观地观察现实生活,按照生活的本来面貌精确细腻地进行描写,真实再现社会生活,从而自然地表现作家、艺术家对社会生活的认同和情感。代表作家有巴尔扎特、狄更斯、司汤达、托尔斯泰、果戈理等。代表剧作家有易普生、契诃夫、萧伯纳等。代表画家有列宾、门采尔等。

浪漫主义:指一种文学艺术的创作方法和思潮。产生于18世纪末19世纪初欧洲资产阶级革命时代。浪漫主义通过表现理想来反映现实,强调主观和主体性,不注重对现实如实描写,侧重于抒发热情和表现理想。代表作家有歌德、席勒、雨果、拜伦等。

（2）请简单介绍二十四史。

《史记》《汉书》《后汉书》《三国志》(此四书合称"前四史"),以及《晋书》《宋书》《南齐书》《梁书》《陈书》《魏书》《北齐书》《周书》《隋书》《南史》《北史》《旧唐书》《新唐书》《旧五代史》《新五代史》《宋史》《辽史》《金史》《元史》和《明史》,共二十四部史书;加上《清史稿》,又称"二十五史"。

（3）请简介唐代诗人中作品最多的一位诗人，并说说他的著名主张。

白居易，字乐天，号香山居士，是杜甫之后唐朝又一位杰出的现实主义诗人，也是唐代诗人中作品最多的一位。白居易有两首著名的叙事长诗，分别是《长恨歌》和《琵琶行》。"在天愿作比翼鸟，在地愿为连理枝"就出自《长恨歌》。在文学上，他积极倡导新乐府运动，主张"文章合为时而著，歌诗合为事而作"。

（4）请简单介绍《西厢记》。

《西厢记》代表了元代爱情剧的最高水准，在中国戏剧史上占有重要的历史地位。《西厢记》的全名是《崔莺莺待月西厢记》，通过崔莺莺和张生的爱情故事，热情地歌颂了青年男女争取爱情婚姻自由的合理性与正当性，尤其是提出了"愿普天下有情人终成眷属"的进步思想。

（5）请问你知道"三言两拍"吗？

"三言两拍"是明代末年几部短篇小说的合称。"三言"是明代冯梦龙所写的三部短篇小说集《喻世明言》《警世通言》《醒世恒言》的简称。"二拍"则是明代凌濛初所写的短篇小说集《初刻拍案惊奇》《二刻拍案惊奇》的简称。

（6）请问你了解《狂人日记》吗？简单介绍并说说作者想反映什么思想内容。

《狂人日记》是中国现代文学史上第一篇白话小说，作者是鲁迅。小说借"狂人"之口，抨击了封建旧礼教的虚伪、残暴和黑暗，深刻地揭露了封建社会吃人的反动本质，发出了"救救孩子"的呼声。

（7）请简单介绍伊索和《伊索寓言》，并列举几个出自《伊索寓言》的寓言故事。

伊索是古希腊的一个奴隶，善讲寓言故事，这些故事后来被整理成集，所以称为《伊索寓言》。名篇有《农夫与蛇》《狼和小羊》《狮子和蚊子》《狐狸和葡萄》《龟兔赛跑》等。

（8）请简单说说安徒生，并介绍他的一篇作品。

安徒生是19世纪丹麦伟大的童话作家，世界最负盛名的童话大王。他的代表作有《海的女儿》《皇帝的新衣》《卖火柴的小女孩》。

（9）请问《钢铁是怎样炼成的》的作者是谁？作者为什么以此为书名？可以背诵书中反映全书思想的一段话吗？

《钢铁是怎样炼成的》的作者是尼古拉·奥斯特洛夫斯基。

钢铁是在烈火与骤冷中铸造而成的。只有这样它才能更为坚硬，什么都不惧怕，我们这一代人也是在这样的斗争中、在艰苦的考验中锻炼出来的，并且学会了在生活面前不颓废。

"人最宝贵的东西是生命，生命对于我们只有一次。人的一生应当这样度过：当他回首往事的时候，他不因虚度年华而悔恨，也不因碌碌无为而羞耻——这样，在临死的时候，他能够说：'我的整个生命和全部精力，都已经献给世界上最壮丽的事业——为人类的解放而斗争。'"

（10）请列举并简介两三位德国音乐家。

莫扎特：世界最伟大的作曲家之一，从小就被誉为"神童"。他的创作深受巴赫、海顿等人的影响。代表作《费加罗的婚礼》《唐璜》《魔笛》。

约翰·施特劳斯（老）：奥地利圆舞曲作曲家，被誉为"圆舞曲之父"。代表作有著名的《拉德斯基进行曲》等。

约翰·施特劳斯（小）：奥地利圆舞曲作曲家，被誉为"圆舞曲之王"。受其父老约翰·施特劳斯的影响，代表作有《蓝色多瑙河》《春之声》等。

（11）京剧的主要角色名称有哪些？

京剧的主要角色有：生、旦、净、丑。角色，是戏曲中根据剧中不同人物的年龄、性格、身份、性别而划分的人物类型，又称"脚色"。生，指男性角色，又分为老生、小生、武生。小生指年轻男角色，如周瑜在戏曲舞台上属"小生"，武松属"武生"。末，也指男性角色，现并入"生"。正末，是男主角。副末，是男配角。旦，指女性角色，又分为正旦（青衣）、花旦（年轻女子）、武旦、老旦，其中正旦是女主角。净，大都表演性格粗犷豪放或阴险奸诈、相貌特异的男性角色，如张飞、李逵、曹操、包公等，因其脸谱是花脸，故也称"花脸"。丑，指小丑人物,化妆时常在鼻梁上抹一小块白粉而俗称"小花脸"。丑角的语言滑稽幽默搞笑。女性人物中也有丑旦,一般心地善良。生、旦、净、末、丑是角色门类,戏剧界的行话称"行当"。

(12)京剧的"四大名旦"指哪四位艺术家?请简单介绍一下其中一位。

京剧的四大名旦是:梅兰芳、尚小云、程砚秋、荀慧生。这四位男性扮演的旦角,自成流派,相互辉映,是近代京剧舞台上最亮丽的风景。

梅兰芳(1894年—1961年):京剧表演艺术大师。原籍江苏泰州,生于北京,8岁学戏,11岁登台青衣正旦。对京剧旦角的唱腔、念白、表演、音乐、服装、化妆等方面有创造性的发展,形成了自己的艺术风格,世称"梅派"。以他为代表的中国戏曲在世界戏剧表演流派中独树一帜。他的代表作有《宇宙锋》《贵妃醉酒》《霸王别姬》。

(13)请简单介绍古希腊的三大悲剧作家及其代表作。

埃斯库罗斯(约公元前525—公元前456年):代表作有《被缚的普罗米修斯》,借用神话,歌颂奴隶主民主派反对贵族专制统治的斗争。被誉为"悲剧之父",悲剧作品有90部。

索福克勒斯(公元前496年—公元前前406年):代表作有《安提弋涅》和《俄狄浦斯王》。主题为追求自由。

欧里庇得斯(公元前485年—公元前406年):代表作有《美狄亚》《希波吕托斯》。

此外,被誉为"喜剧之父"的是古希腊的阿里斯托芬,代表作有《阿卡奈人》。

(14)国际著名的导演有哪些?其代表作品是什么?

① 卢米埃尔与爱迪生:卢米埃尔的代表作有《工厂大门》《火车进站》《水浇园丁》《婴儿的午餐》等,爱迪生也拍摄了一系列单镜头影片,如《拔牙》《接吻》等。

② 弗拉哈迪:美国人,被称为"纪录片之父",主要作品有《北方的纳努克》

《摩阿拿》《亚兰岛人》等。

③ 格里菲斯:美国人,美国电影早期重要的导演,发明和确立了众多拍摄和剪辑技巧。重要作品有《一个国家的诞生》《党同伐异》等。

④ 卓别林:英国人,美国电影早期重要的戏剧电影演员和导演。主要作有《大独裁者》《淘金记》《城市之光》《摩登时代》《舞台生涯》等。

⑤ 爱森斯坦:苏联人,蒙太奇派的重要导演和理论家,发明了大量蒙太奇技巧。重要作品有《战舰波将金号》《十月》《总路线》《伊凡雷帝》《罢工》等。

⑥ 希区柯克:英国人,后进入美国好莱坞发展,著名悬念电影大师。重要作品有《三十九级台阶》《蝴蝶梦》《爱德华大夫》《电话谋杀案》《后窗》《眩晕》《西北偏北》《精神病患者》《群鸟》《狂凶记》等。

⑦ 基耶斯洛夫斯基:波兰人,后长期在法国拍摄影片,最初从事纪录片拍摄,后转向故事片的创作。主要作品有《十诫》《影迷》《红》《白》《蓝》《维罗尼卡的双重生命》等。

⑧ 波兰斯基:波兰人,后去美国好莱坞发展,历经坎坷。主要作品有《水中刀》《唐人街》《失婴记》《苔丝》《钢琴师》《苦月亮》《不道德的审判》《雾都孤儿》等。

⑨ 小津安二郎:日本电影最重要的导演之一,创作生命非常长。主要作品《东京物语》《彼岸花》《秋刀鱼之味》《早春》《晚春》《早安》《浮草物语》《秋日和》《户田家兄妹》等。

⑩ 黑泽明:日本导演中海外知名度最高的导演,被称为"电影天皇"。主要作品有《姿三四郎》《罗生门》《生之欲》《七武士》《蜘蛛巢城》《影子武士》《乱》《天国与地狱》《梦》等。

⑪ 塔可夫斯基:苏联导演,被许多著名导演评价为最伟大的导演之一。主要作品《安德烈·卢布耶夫》《伊万的童年》《镜子》《潜行者》《牺牲》《飞向太空》等。

⑫ 米哈尔科夫:苏联导演,主要作品有《西伯利亚的理发师》《烈日灼人》

《黑眼睛》等。

⑬ 斯皮尔伯格:美国著名导演,擅长导演商业娱乐电影,所拍摄影片常常能创下票房佳绩。主要作品《大白鲨》《第三类接触》《紫色》《太阳帝国》《侏罗纪公园》《辛德勒的名单》《人工智能》《拯救大兵瑞恩》《世界大战》《慕尼黑》《外星人 E. T.》等。

⑭ 阿巴斯:伊朗著名导演,主要作品有《课间休息》《何处是我朋友的家》《特写》《橄榄树下的情人》《樱桃的滋味》《一年级新生》《生活在继续》《风将把我们带向何处》等。

⑮ 陈英雄:法籍越南裔著名导演。重要作品有《青木瓜之味》《三轮车夫》《夏天的滋味》等。

⑯ 岩井俊二:日本知名青年导演,主要作品有《情书》《燕尾蝶》《花与艾丽斯》《关于莉莉周的一切》等。

⑰ 金基德:韩国知名导演,主要作品有《撒玛利亚女孩》《空房间》《漂流欲室》《春夏秋冬又一春》等。

(15) 戏剧有几类?

按情绪划分,有悲剧、喜剧、正剧(悲喜剧)。

按场景分,有多幕剧和独幕剧,当代还有无幕连场剧。

按形式分,有话剧(《雷雨》)、舞剧(《天鹅湖》)、歌剧(《图兰朵》)及中国的地方戏曲、木偶戏、音乐剧、广播剧、电视连续剧等。

(16) 戏剧不同于诗歌、散文、小说,其最大特点是什么?

戏剧的最大特点在于"矛盾冲突",这是它的根本属性。法国戏剧美学家布伦退尔认为,没有矛盾冲突,就没有戏剧。因此,戏剧总是在激烈、复杂的矛盾冲突中去描写人物和发展情节。剧情经过一些曲折发展而推向高潮,接着发生戏剧性突转,冲突得以解决,表演也宣告结束。无论戏剧的题材是警匪戏、武侠戏还是反腐戏、枪战戏还是灾难戏等,都是通过不同的事件引起人物的激烈冲突而编织情节的。

所谓戏剧性,就是指剧情的紧张、巧合、误会、悬念、延宕、惊变、英勇壮举、滑稽谐趣而使观众产生强烈的惊悚和兴趣。紧张是冲突的基本特征。巧合有助于冲突的集中,无巧不成戏。误会也是一种冲突。悬念能使观众产生期待看下去的心理。壮举是冲突激化时的行动。

(17)请简单介绍曹禺。

曹禺原名万家宝,原籍湖北潜江,生于天津,中国现代杰出的戏剧家和语言大师。曾任复旦大学教授、中央戏剧学院副院长、北京人民艺术剧院院长、中国戏剧家协会副主席。

曹禺的代表作《雷雨》是中国最具国际声誉和历史生命的话剧之一,反映了 20 世纪 20 年代周、鲁两家两代人之间错综复杂的阶级关系和血缘关系,揭露了资产阶级的腐朽虚伪。周朴园(资本家)、鲁侍萍(周的前妻)、繁漪(周的后妻)、周萍、周冲、鲁贵、鲁大海、鲁四凤,剧中人物个个栩栩如生。

曹禺的另一名剧《日出》以交际花陈白露的客厅为中心,反映了 20 世纪 30 年代大都市的面貌、上流社会的荒淫无耻、尔虞我诈和小人物的不幸。

曹禺的其他剧作尚有《北京人》《家》《原野》《蜕变》《明朗的天》《胆剑篇》《王昭君》等。

曹禺剧作的艺术性:人物形象丰满,善于编写封闭式结构戏剧(如《雷雨》),语言富于个性,表现了鲜明的时代特点和深广的历史内容,在中国舞台上久演不衰。中国剧坛曾设"曹禺戏剧奖",后合并为"梅花奖",鼓励中青年剧作家积极创作戏剧精品。

(18)中国著名导演有哪些? 其代表作品是什么?

① 郑正秋:原名郑芳泽,广东人。编剧并导演了中国第一部故事短片《难夫难妻》(与张石川合作导演)及《姊妹花》等。

② 张石川:浙江宁波人。与郑正秋合作导演了《难夫难妻》,1922 年开办明星影片公司,导演了《歌女红牡丹》和《火烧红莲寺》(武侠片)等。

③ 沈浮:天津人。编导了《万家灯火》《希望在人间》,新中国成立后任上

海电影制片厂导演,执导了《李时珍》(赵丹主演)、《老兵新传》、《北国江南》、《曙光》等。此外,还导演了《大皮包》《天作之合》《草莽英雄》《雾重庆》等。

④ 郑君里:广东香山人。1947 年与蔡楚生合作导演电影《一江春水向东流》。任上海昆仑影业公司导演。新中国成立后导演了《林则徐》、《聂耳》(赵丹主演)、《枯木逢春》等。论著有《角色的诞生》和《画外音》。

⑤ 费穆:江苏苏州人。他执导的戏曲片《生死恨》是我国第一部彩色影片。成名作是《城市之夜》。代表作有《人生》《天伦》《香雪海》《狼山喋血记》《联华交响曲》《小城之春》等。

⑥ 谢晋:1953 年在上海电影制片厂任导演,他执导的长短影片共有 20 多部。代表作有《女篮五号》《红色娘子军》《舞台姐妹》《啊!摇篮》《天云山传奇》《牧马人》《高山下的花环》《芙蓉镇》《大李、小李和老李》、《秋瑾》、《最后的贵族》《清凉寺的钟声》和《鸦片战争》等。

⑦ 张暖忻:女,中国第四代导演。1962 年毕业于北京电影学院导演系,以《沙鸥》一片获 1982 年"金鸡奖"导演特别奖。另有《青春祭》《北京,你早》。

⑧ 郑洞天:1961 年考入北京电影学院导演系,后在北京电影学院任教。代表作有《邻居》等。另与谢飞合作导演了《火娃》《向导》。

⑨ 吴贻弓:毕业于北京电影学院导演系,曾任上海电影制片厂厂长。导演的影片有《巴山夜雨》《城南旧事》《流亡大学》《少爷的磨难》《阙里人家》《海之魂》等。

⑩ 黄蜀芹:女,1964 年毕业于北京电影学院导演系,同年任上海电影制片厂导演。其代表作有《青春万岁》《童年的朋友》《人鬼情》《画魂》《我也有爸爸》等。

⑪ 谢飞:1965 年毕业于北京电影学院导演系,后留校任教。1978 年,与郑洞天合作导演了故事片《火娃》,之后拍摄了一系列影片,其代表作有《我的田野》《湘女萧萧》《本命年》《香魂女》《黑骏马》等。

⑫ 吴天明:1979 年,与滕文骥联合执导《生活的颤音》,其后独立执导了《没有航标的河流》。其他代表作有《人生》《老井》《变脸》等片。

⑬ 李安:1954年生于台北。1985年毕业于美国纽约大学电影制作研究所。其毕业作《分界线》曾获得纽约大学学生影展的最佳影片奖和最佳导演奖。此后,他留在美国发展。代表作有《推手》《喜宴》《饮食男女》《理智与情感》《冰风暴》《与魔鬼共骑》《卧虎藏龙》《断背山》《色戒》《少年派的奇幻漂流》等。他的电影叙事常采取一种"隐蔽式风格"。此外,李安影片中摄影的场面调度也极富个性。

⑭ 徐克:香港电影新浪潮的代表人物。1977年,徐克加入电视广播有限公司(TVB),从事导演和监制等工作,拍摄了电视剧《金刀情侠》。1979年,拍摄了他的第一部古装剧情长片《蝶变》。接下来又拍摄了《第一类型危险》《鬼马智多星》《上海之夜》《笑傲江湖》《倩女幽魂2之人间道》《黄飞鸿》《笑傲江湖2之东方不败》《黄飞鸿2之男儿当自强》《新龙门客栈》《金玉满堂》等片。

⑮ 吴宇森:1946年9月22日出生于广州,1951年随父母移居香港。1986年,在徐克的帮助下,他成功执导了《英雄本色》。1989年的《喋血双雄》则成为他的代表作。后又拍摄了《喋血街头》《纵横四海》《辣手神探》等影片,并进入美国好莱坞发展,拍摄了《断箭》《夺面双雄》《风语者》等卖座影片。其中《英雄本色》由周润发主演。

⑯ 侯孝贤:1947年4月8日出生于广东梅县,1948年移居台湾,后考入艺专电影科,1973年起担任李行的场记、助导,并从事编剧。1981年,侯孝贤拍出第一部长片《就是溜溜的她》,之后又拍摄了《风柜来的人》《在那河畔青草青》,以及与另外两位导演合拍了《儿子的大玩偶》,并确立影坛地位。其他代表作有《童年往事》《冬冬的假期》《恋恋风尘》《悲情城市》《好男好女》《海上花》《千禧曼波》《咖啡时光》《最好的时光》《刺客聂隐娘》等。其中,《悲情城市》获威尼斯国际电影节"金狮奖"。

⑰ 杨德昌:出生于上海,1949年移居台北,1974年赴美国南加州大学学习电影。1982年拍摄的《光阴的故事》,被称作台湾新电影的开山之作。其他代表作有《海滩的一天》《青梅竹马》《恐怖分子》《牯岭街少年杀人事件》《独立时代》

《麻将》《一一》等。2000 年,他的《一一》获得戛纳国际电影节最佳导演奖。2007 年 6 月因癌症去世。

⑱ 蔡明亮:1957 年出生于马来西亚。高中毕业后前往台湾,进入中国文化大学影剧系就读,其导演处女作为剧情片《青少年哪吒》。其他代表作有《天边一朵云》《你那边几点》《洞》《爱情万岁》《天桥不见了》《河流》等。

(19) 中国第五代主要导演有哪几位?其代表作有哪些?

① 陈凯歌:原名陈皑鸽,1952 年生于北京,1979 年考入北京电影学院导演系。1984 年,他执导的《黄土地》对中国电影产生了极大的影响。主要作品有《黄土地》《大阅兵》《霸王别姬》《孩子王》《边走边唱》《风月》《无极》《和你在一起》《荆轲刺秦王》等。《黄土地》曾获 1985 年夏威夷国际电影节东西方文化技术交流中心电影奖和柯达最佳摄影奖、瑞士洛迦诺国际电影节"银豹奖"、法国南特三大洲电影节最佳摄影奖、中国电影"金鸡奖"最佳摄影奖、1986 年伦敦电影展英国电影协会大奖。

② 张艺谋:中国当代最有影响力的电影导演、摄影师。1950 年 11 月生于陕西西安。1978 年考入北京电影学院摄影系;1982 年 7 月毕业后分配到广西电影制片厂任摄影,担任影片《黄土地》(1984 年)和《大阅兵》(1986 年)摄影师。由于《黄土地》的摄影构思独特,1985 年在法国第七届南特三大洲电影节获最佳摄影奖。1986 年借调到西安电影制片厂任导演。1987 年主演影片《老井》,表演朴素、准确,在日本第二届东京国际电影节获最佳男演员奖。他导演的影片《红高粱》获 1988 年第三十八届柏林国际电影节金熊奖。1988 年他还因《老井》获得第八届中国电影"金鸡奖"和第十一届中国电影"百花奖"最佳男演员奖。他导演的影片《秋菊打官司》获 1992 年威尼斯国际电影节金狮奖。此外,他的电影作品还有《菊豆》《活着》《英雄》《摇啊摇,摇到外婆桥》《有话好好说》《一个也不能少》《大红灯笼高高挂》《十面埋伏》《满城尽带黄金甲》《千里走单骑》等。

③ 吴子牛:四川乐山人。1978 年考入北京电影学院导演系学习。1982

年毕业后任湖南潇湘电影制片厂导演。导演处女作为《候补队员》。1988年导演了《晚钟》《欢乐英雄》《阴阳界》三部获得很高评价的影片。其他代表作有《大磨坊》《太阳山》《火狐》《南京大屠杀》等。

④田壮壮：1982年毕业于北京电影学院导演系，后任北京电影制片厂导演。主要作品有《盗马贼》《猎场札撒》《蓝风筝》《大太监李莲英》《茶马古道》《长大成人》等。

⑤黄建新：1975年考入西北大学学习，毕业后到西安电影制片厂工作，1983年考入北京电影学院进修，一年后回厂任导演。主要作品有《黑炮事件》《轮回》《站直啰！别趴下》《五魁》《背靠背，脸对脸》《说出你的秘密》《埋伏》《求求你，表扬我》等。

（20）中国当代的文艺方针和政策是什么？

①"双百"方针：毛泽东生前多次指出，"百花齐放，百家争鸣"。要古为今用，洋为中用；取其精华，去其糟粕。

②"二为"方向：邓小平在第四届文代会上指出，"文艺为人民服务，为社会主义服务"。

③"两结合"的创作方法："革命的现实主义和革命的浪漫主义相结合。"

④关于宣传工作的四句话：江泽民指出，"以科学的理论武装人，以正确的舆论引导人，以高尚的精神塑造人，以优秀的作品鼓舞人"。

⑤"五个一"工程：各地要抓文艺精品的创作，重点抓好"一部电影、一部电视剧、一出戏剧、一首歌曲、一本文艺类图书"，合称"五个一"工程，每三年全国评选一次。2008年，又将抓好"一部动画片"列入"五个一"工程中。

⑥"三贴近"：以胡锦涛同志为总书记的党中央提出的一项重要要求，即文化宣传工作要"贴近群众、贴近实际、贴近生活"。

（21）文学艺术的表现手法、艺术技巧有哪些？

移情象征、托物言志、借物喻人、借事喻理、借景抒情、寄情于景、情景交融、对比手法、烘托反衬、虚实相生、想象梦幻、夸张手法、浓墨铺陈、运用典故、白描手法、空白手法、时空结合、视听通感、比喻拟人、明线暗线、锁闭误会、矛盾冲突、对话描写、细节描写、环境描写、内心独白、对偶骈俪、排比充沛。

（22）请简单介绍世界三大短篇小说之王的代表作。

（美）欧·亨利：代表作有《警察与赞美诗》《麦琪的礼物》《没有完的故事》等。

（法）莫泊桑：19世纪法国批评现实主义代表，代表作有《羊脂球》、《项链》（原名《首饰》）、《我的叔叔于勒》等。

（俄）契诃夫：代表作有《变色龙》《套中人》等。

（23）请说说莎士比亚的四大悲剧和四大喜剧。

四大喜剧：《第十二夜》《皆大欢喜》《无事生非》《威尼斯商人》。

四大悲剧：《李尔王》《奥赛罗》《麦克白》《哈姆雷特》。

（24）什么是戏曲？

戏曲是中国传统的舞台戏剧形式，从大概念上讲属于歌剧，亦称民族式歌剧，发源于古代歌舞说唱。春秋战国时期，就有关于"楚之优孟、晋之优施"活动的记录，所谓的"优""伶""俳"均指演艺人员。由北宋的"宋杂剧"，至南宋的"南戏"，再到"元杂剧"，直至近现代，戏曲一般都有完整的剧情，有音乐唱腔，有台词念白。中国各地区、各民族戏曲剧种近400种，如昆曲、京剧、沪剧、越剧、川剧、黄梅戏、豫剧、淮剧、扬剧、评剧等。昆曲有"百戏之祖"之称，被联合国教科文组织列入"世界非物质文化遗产"。京剧由昆曲、汉剧、徽剧合一发展而成，被誉为"国粹"。沪剧属于地方戏。

（25）什么是剧本？

剧本，一剧之本。剧本既是演员创造人物的语言和行为的依据，也是导演进行艺术构思的文学蓝图。文学的四大体裁是诗歌、散文、小说和戏剧。剧本是文学上的戏剧概念，是戏剧演出的基础。剧本又称演出文本、戏剧文学作品。除舞台剧剧本外，影视类作品大多也编导专业，都要学习编写剧本。

话剧剧本以人物台词(对白、独白、旁白)和动作神态提示作为展示剧情发展、体现矛盾冲突、刻画人物性格、揭示全剧主题的基本手段。

(26) 什么是戏剧？戏剧中融合了哪些艺术表现手段？

戏剧是文学、美术、音乐和舞蹈艺术的综合体，以塑造舞台形象为目的，以表演为核心，是一种舞台直观艺术。戏剧融合了多种艺术的表现手段：文学，主要指剧本；美术，主要指布景、灯光、道具、服装、化妆等造型艺术；音乐，主要指戏剧演出中的音响、插曲、配乐等，在戏曲、歌剧中，还包括曲调、演唱等；舞蹈，主要指舞剧、戏曲艺术中包含的舞蹈成分，在话剧中则转化为演员的表演艺术——动作艺术。

(27) 你知道"百家争鸣"这一局面是如何形成的吗？请简单说说当时的社会背景。

春秋时期，奴隶制的衰落和封建制的兴起，使阶级关系发生了急剧的变化，从而打破了由贵族、官府垄断文化的局面，使文化由贵族转移到了"士"这一阶层手中。私家著述和私人讲学的风气随之兴起。由于"士"阶层比较复杂，在讲学和著述过程中所代表的阶层利益不同，因此出现了不同的学派。各派相互展开辩论，活跃于政治舞台，形成了"百家争鸣"的局面。各家学派为宣传自己的主张纷纷著书立说，遂产生了"九流十家"丰富多彩的诸子散文著作。后从此定义上又衍生出了"三教九流"之说。

(28) 请简单介绍杜甫。

杜甫，字子美，又称杜工部，中国文学史上伟大的现实主义诗人，被尊为"诗圣"。他的诗深刻反映了唐朝由兴盛走向衰亡时期的社会面貌，具有丰富的社会内容、鲜明的时代色彩和强烈的政治倾向。他的诗激荡着热爱祖国、热爱人民的炽热情感和不惜自我牺牲的崇高精神，因此被后世公认为"诗史"。杜甫一生写下了一千多首诗，充分表达了他对人民的深刻同情，揭露了封建社会剥削者与被剥削者之间的尖锐对立，如"三吏"(《潼关吏》《石壕吏》《新安吏》)"三别"(《无家别》《垂老别》《新婚别》)，《兵车行》《茅屋为秋风所破歌》《丽人行《春望》等,另外,他的一些咏物、写景的诗,甚至那些有关夫妻、兄弟、朋友的抒情诗中,也无不渗透着对祖国、对人民的深厚感情,如《望岳》《蜀相》《江南逢李龟年》《春夜喜雨》等。杜甫诗风以沉郁顿挫著称。

(29)请简单介绍信天游。

信天游又叫"顺天游",主要流行在陕西北部和与之接壤的宁夏及甘肃的东部、山西的西部、内蒙古的西南地区。信天游两句为一段,上句歌词常用比喻、寄托的手法,下句则是比较具体的叙事或抒情,与歌词相一致,信天游的曲调上句往往音区较高,音调跨度较大,富于激情;下句则比较收拢表现出叙事性或感叹性的情景。《兰花花》《山丹丹花开红艳艳》等歌曲都是非常流行的信天游。

(30)请简单介绍《长征组歌》。

由晨耕、生茂、唐河、遇秋根据肖华所作的组诗谱曲而成。题为《长征》,又题《红军不怕远征难》,完成于1965年。组曲分为十部分:《告别》《突破封锁线》《遵义会议放光彩》《四渡赤水出奇兵》《飞越大渡河》《过雪山草地》《到吴起镇》《祝捷》《报喜》《大会师》。

(二)专业常识面试题目

(1)电影诞生的日子是哪一天?

1895年12月28日晚上,法国巴黎卡普辛路14号大咖啡馆地下室内,卢米埃尔兄弟第一次售票公映自己的电影。这标志着电影的诞生。

(2)电影被称为第几艺术?

电影又称"第七艺术"。1911年,意大利诗人和电影先驱者乔托·卡努多发表论著《第七艺术宣言》,在电影史上第一次宣称电影是一种艺术。从此,"第七艺术"成为电影艺术的同义语。在电影诞生以前有六种艺术,分别是:建筑、音乐、绘画、雕塑、诗歌、舞蹈。

（3）简单阐述什么叫作电影时间。

电影时间：由放映时间、叙述时间、心理时间三种形式的相互关系组合而成。

放映时间：电影放映机通过机械运转，按照 24 格/秒（默片时期 16 格/秒）把影像投射到银幕上，取得具有实在的时间形式。这个过程和生活中的时间同步。

叙述时间：指影片通过画面形象、声音、字幕等对故事情节或场面事件进行交代、叙述的时间。电影的叙述时间是可变的，它可以根据导演的意图进行省略、压缩或延伸。

心理时间：由于电影的表现力已经突破了叙事功能，不再受机械时间的制约，可以进入人的精神、情绪、潜意识思维活动的领域，形成了心理时间，成为无名时态。

（4）什么叫作蒙太奇？

蒙太奇来自法语"montage"，原义为建筑学上的构成、装配，借用到电影艺术中有组接、构成之意。在电影创作中，将全片所要表现的内容分为不同的段落、场面、镜头，分别进行处理和拍摄。然后再根据原定的创作构思，将这些镜头、场面、段落重新组合，构成一部完整的影片。这种构成一部完整的影片的独特的表现方法称为蒙太奇。

（5）蒙太奇的分类有哪些？请简单阐述各自的含义。

蒙太奇可分为表现蒙太奇与叙事蒙太奇两个基本类别。

表现蒙太奇：以加强艺术表现力和情绪感染力为主旨的一种蒙太奇类型。它以镜头的对列为基础，通过相连或相叠镜头在形式上或内容上相互对照、冲击，从而产生一种单独镜头本身不具有或更为丰富的含义，以表达某种感情、情绪、心理或思想，给观众造成强烈的印象。它的目的不是叙述情节，而是表达情绪，表现寓意，揭示含义。表现蒙太奇又可分为心理蒙太奇、隐喻蒙太奇、对比蒙太奇等。

心理蒙太奇：属于表现蒙太奇类型。通过镜头组接或音画有机结合，直接而生动地展示出人物的心理活动、精神状态,如表现人物的闪念、回忆、梦境、幻觉、想象、遐想、思索甚至潜意识的活动。

隐喻蒙太奇:表现蒙太奇手法之一,是一种独特的电影比喻。通过镜头(场面)的对列或交替表现进行类比,含蓄而形象地表达创作者的某种寓意或事件的某种情绪色彩。它往往是将类比的不同事物之间具有的某种相类似的特征突现出来,以引起观众的联想。

对比蒙太奇:表现蒙太奇手法之一。通过镜头(场面、段落)之间在内容上或形式上的强烈对比,产生相互强调、相互冲突的作用,以表达创作者的某种寓意或强化所表现的内容、情绪和思想。

叙事蒙太奇:又称"叙述性蒙太奇",以交代情节、展示事件为主旨的一种蒙太奇类型。它按照情节发展的时间流程、逻辑顺序、因果关系,来分切、组合镜头、场面和段落,表现动作的连贯,推动情节的发展,引导观众理解剧情。优点是脉络清楚,逻辑连贯,简明易懂。叙事蒙太奇又可分为平行蒙太奇、交叉蒙太奇、重复蒙太奇、连续蒙太奇等。

平行蒙太奇:叙事蒙太奇手法之一。两条或两条以上情节线索并列表现、分头叙述而统一在一个完整的情节结构之中,或几个表面毫无联系的情节互相穿插交错表现而统一在共同的主题中。

交叉蒙太奇:又称"交替蒙太奇"或"动作的同时发展",叙事蒙太奇手法之一,由平行蒙太奇发展而来。平行蒙太奇只注重情节的统一、主题的一致、剧情或事件的内在联系;而交叉蒙太奇的特点则是它所并列表现的两条或数条情节线索的严格的同时性、密切的因果关系和迅速频繁的交替表现,其中一条线索的发展往往影响或决定另一条或数条线索的发展,互相依存,彼此促进,最后几条线索汇合在一起。这种手法能制造激烈紧张的气氛,加强矛盾冲突的尖锐性,引起悬念,是调节观众情绪的有力手法,如"最后一分钟营救"。

重复蒙太奇:又称"复现式蒙太奇",叙事蒙太奇手法之一。蒙太奇结构中,代表一定寓意的镜头或场面在关键时刻反复出现,产生强调、对比、呼应、渲染等艺术效果。

连续蒙太奇:叙事蒙太奇手法之一。在影片中用得很普遍,就像通常讲故事、说评书惯用的方式一样,沿着一条单一的情节线索,按照事件的逻辑顺序,有节奏地连续叙述,表现出其中的跌宕起伏。

(6) 请简单介绍不同景别的作用。

远景:摄影机远距离拍摄事物的镜头。镜头离拍摄对象较远,画面就比较开阔,景深悠远。此种景别,能充分展示人物活动的环境空间,可以用来抒发感情,渲染气氛,创造某种意境。远景中视距最远的景别,称为大远景。它的取景范围最大,适宜表现辽阔广袤的自然景色,能创造深邃的意境。

全景:出现人物全身形象或场景全貌的镜头。此种景别的视野较远景相对小些,既能看清人物又可看清环境,故可以表现人物的整体动作以及人物和周围环境的关系,展示一定空间中人物的活动过程。它常常用来拍摄人物在会场、课堂、集市、商场等一定区域范围中的动作,是塑造环境中的人或物的主要手段。

中景:显示人物膝盖以上部分形象的镜头。此种景别人物占有空间的比例增大,观众能看清人物的形体动作,并比较清楚地观察到人物的神态表情,从而反映出人物的内心情绪。在影视作品中,中景是使用较多的基本景别。中景在主要表现人物的同时,也提供给人一定的活动范围,如房间的一隅,院落的一角等。一部影视作品镜头运用成功与否,主要看中景的运用处理是否到位。

近景:表现人物的腰部或胸部以上形象的镜头。此种景别人像占据大部分画面,环境变得零碎而模糊。观众已难以看全人物的动作,注意中心往往在人物的肖像和面部表情上。所以,近景常用来表现人物的感情、心理活动,它的作用相当于文学作品中的肖像描写,适宜用于对人物音容笑貌、仪表神态、衣着服饰的刻画,突出人物的神情和重要的动作,也可用来突出相当的景物,是影视作品中大量运用的景别。

特写:表现人物肩部以上部位或有关物体、景致的细微特征的镜头。它是视距最近的一种景别,能把表现的对象从周围环境中强调、突出出来,促使观众去注意某某关键性细节,诸如惊愕的眼神、欲滴的泪水、颤抖的睫毛、抽搐的肌肉等等,塑造强烈而清晰的视觉形象。当视距特近时,称为大特写。特写镜头的作用是多方面的。可以介绍人物,突出影片的主体形象;可以突出贯穿的物体,如《魂断蓝桥》中的吉祥物;可以突出人物细致的表情或动作;可以反映特定环境,使某个物件含义深邃,如《芙蓉镇》中通过分立墙角的扫帚、渐渐靠拢的扫帚、并排合一的扫帚这三次扫帚的特写,写了两个扫街人相爱的独特经历;可以作为转换时空的手段;还可以与其他景别镜头反复使用,使影片速度节奏加快,营造紧张激烈的气氛。特写镜头不宜滥用,一般应和全景结合起来使用。

(7)谈谈你所理解的制片人。

制片人一般指老板或资方代理人,负责统筹指挥影片的筹备和投产,有权改动剧本情节,决定导演和主要演员的人选等。制片人大多懂得影视艺术创作,了解观众心理和市场信息,善于筹集资金,熟悉经营管理。通俗地讲,"制片人"就是投资者或者能够拉来赞助的人。制片人最怕的是亏本和超出预算,通常对成本、支出、性价比非常关注。制片人是一部影片的主宰,有权决定拍摄影片的一切事务,包括投拍什么样的剧本,聘请什么样的演职人员,派出执行制片人或监制代表管理摄制资金,审核拍摄经费并管控拍片全过程等。

(8)谈谈你所理解的电影导演。

电影导演一般是影片艺术创作的组织者和领导者,是把剧本表现为影视作品的总负责人。作为影视创作中各种艺术元素的综合者,导演要组织和团结创作环节内所有的创作人员和技术人员,发挥大家的才能,使各环节的创造性劳动融为一体。导演的再创作是在剧本的基础上,通过人物的表现,场面的调度,以及时空结构、声画造型等一系列工作将艺术构思与影片的主题意念相结合。在这个创作过程中,导演要物色和确定演员,并根据总体构思,对摄影、演员、美术设计、录音、作曲等创作部门提出要求,组织主要创作人员研究有关资料,分析剧本,集中和统一创作意图,确定影片总的创作思路。导演还要按照制片部门安排的创作计划,领导具体的各项创作工作,直到影视作品全部完成为止。一部影片的质量,在很大程度上取决于导演的素质与修养,而一部影片的风格,也往往体现了导演的艺术风格。

(9) 请你谈谈编导的具体分工。

编导从属于电视节目范畴,是电视行业最主要的创作核心力量。编导要完成从现实生活中选取有价值的题材进行策划、采访、制定拍摄提纲、组织拍摄、编辑制作,并最终对作品进行把关检查等系统性创作活动。编导分前、中、后期,但我国大部分编导往往身兼这三个阶段的工作。

一、前期(前期编导)策划筹备工作

1. 选题

题材选择正确是成功的大半。选题一般基于以下几点:

(1) 时代要求。

(2) 观众兴趣。

(3) 成本与技术条件。

(4) 如在栏目中播出,要考虑栏目定位、目标受众与栏目整体基调。

2. 构思、确定拍摄方案

在对所选题材进行了解或前期采访的基础上,进一步对选题做深入的、富有创造性的思考,从而确定主题、表现方式及基本结构,制定拍摄提纲。

3. 拍摄前的准备

拍摄前准备工作的充分与否,直接关系到拍摄能否顺利进行。拍摄前的准备工作主要包括:

(1) 筹建摄制组,进行合理而严密的分工。

(2) 了解、勘察拍摄对象及场地、环境等。

(3) 拍摄设备、器材的准备。

二、中期(摄制编导)拍摄采访工作

拍摄采访是电视创作中获取影像和声音材料的最重要环节。编导在此期间要完成以下内容的工作:

(1) 对外联系,落实拍摄地点、时间等具体事项。

(2) 对内统筹,安排拍摄进程、采访事宜等。

(3) 在拍摄现场进行场面调度、安排或指挥拍摄、指导现场采访。发现问题应及时决断、处理。

(4) 有时编导兼任摄像、切换导演或主持人,这时更要注意兼顾全局。

三、后期(后期编导)编辑制作工作

后期编制是编导的一项极其重要的工作。在此期间,编导的主要工作包括以下内容:

(1) 对文字稿的审查、定夺。

(2) 向后期剪辑师阐明创作构思和要求。

(3) 指导具体的剪辑工作,把握作品画面和声音的表达、节奏与风格。

(4) 指导特技、字幕等内容的加入。

(5)严格按着现行的广电播出标准进行认真全面地把关与检查。

(10) 简单介绍电影光线的种类。

第一,按造型的性质划分。

① 主光:

A. 照明被摄物的主要光线,它决定着该场景中总的照明的格局。

B. 多用硬光,并且它使被摄物有明显的阴影。

② 副光:

A. 它是辅助主光的光线,主要用来为主光照明被摄物所产生的明显的阴影提供适当的照明(注意不应把阴影全部消除,还应使被摄物的阴影部分有一定的造型效果)。

B. 多用软光(散射光)。

第二,按光的位置划分。

① 顺光(正面光):优点是易于较完整地交代一个平面形象或者细节,缺点在于呆板,无变化。

② 侧光:电影中最常用的照明方法。用这种方法照明,可以使被摄物富有层次感。

③ 逆光:从背面打光。强烈的逆光,会使被摄对象突出,显得比较可怕;柔弱的逆光,会使被摄对象神秘动人。

④ 顶光:头顶上垂直照下来的光线。顶光往往会使被摄对象丑化。

⑤ 脚光:从人的脚下垂直照上来的光线。脚光往往会使被摄对象显得残暴。

(11) 请简单介绍什么叫作同期录音。

拍摄画面的同时进行录音的方法。采用这种方法录制的人声和音响等,具有与画面上的形象配合紧密、情绪气氛真实、可缩短影片制作周期等优点,常被故事片、纪录片、新闻片、科教片所采用。

(12) 请简单介绍什么叫作后期录音。

也称"后期配音",简称"配音",是指拍摄画面后根据画面动作录音的方法。无法进行同期录音、同期录音效果不理想以及解说词、译制片中的对白都要在后期进行配音。

(13) 请简单介绍什么叫作音画同步。

音乐与画面情绪一致,节奏一致,主题一致。音乐在这里是为了更好地烘托和渲染画面的内容,它附属于画面,与画面是一种"合一"的关系。

(14) 请简单介绍什么叫作音画对立。

音乐所表现的情绪、节奏、主题等与画面中影像内容所呈现出的情绪、节奏、主题等截然相反。

（15）请简单介绍什么叫作音画并行。

音乐并不仅仅是具体地、简单地、机械地解释画面的内容，它与画面不是"合一"的关系（当然也不是对立的关系），犹如两条平行线，二者是一种"并行"的关系。

（16）什么是类型电影？

在美国好莱坞发展起来，按照外部形式和内在观念构成的模式进行摄制和观赏的影片。这一词语主要是指叙事性电影。人们最常见的电影类型有：西部片、爱情片、喜剧片、强盗片、侦探推理片、惊险片、动作片、音乐歌舞片、科幻片、战争片等。

（17）请简单介绍卓别林。

卓别林是世界著名的喜剧大师，先后拍摄了80多部喜剧片，代表作有《淘金记》《城市之光》《摩登时代》《大独裁者》《凡尔杜先生》等。卓别林在许多影片中以流浪汉夏尔洛的形象出现。影片以笑为武器嘲讽社会的种种弊病，同情底层的小人物。他带给电影的是富于美学化的喜剧情趣和情感的表达，是充满动作性的和富于效果的纯视觉化的造型语言。卓别林和他的喜剧精神被20世纪20年代欧洲先锋主义纯电影的探索者们奉为"上帝"，他甚至直接影响了反叙事的立体主义电影和达达主义电影。卓别林打破了好莱坞既有的梦幻色彩，将现实生活中的残酷植入于电影的喜剧精神之中。

（18）请简单介绍格里菲斯。

格里菲斯在世界电影的发展中，为电影叙事形式的确立做出了巨大贡献。他的代表作有《一个国家的诞生》《党同伐异》等。格里菲斯的电影叙事有别于传统叙事的形式特征，即以电影分解时空的方式，以交替蒙太奇的剪辑技巧，以非线性的视觉结构观念，突出了作为电影叙事的自身属性。格里菲斯的电影创作以情节段落作为叙事的基础，将不同冲突元素加以并列和积累，把着眼点放在认识和发现电影时空结构的观念上，确立了以镜头作为电影时空结构最小的基本构成单位,这一原则不仅构成了现代电影分镜头和剪辑的基础,也确立了现代电影的叙事形式。

（19）请简单介绍你所知道的电影流派。

意大利"新现实主义电影":流行于二十世纪四五十年代,属批判现实主义电影。取材于真人真事,着重表现下层群众的不幸,揭露资本主义的社会问题。创作上只写剧本大纲,台词让演员即兴发挥,起用非职业演员。不强调蒙太奇,多用纪录片手法实地拍摄。代表作有《罗马十一时》《罗马,不设防的城市》《偷自行车的人》《橄榄树下无和平》等。

法国"新浪潮电影":风行于二十世纪五六十年代。反对传统的戏剧化,主张生活化,无故事、无情节、无结构,大量运用时空错位、音画错乱的手法来打乱常规结构,以象征手法反映社会变态和人性毁灭,并使现代主义电影和商业电影相结合。代表作有《广岛之恋》《精疲力竭》《四百下》《喘息》等。

西方"意识流电影":流行于二十世纪六十年代,源于弗洛伊德的心理学,采用"意识流手法",用镜头去表达人的主观意识,常用独白、旁白、象征、倒叙、梦境、幻觉等手法,思路跳跃,结构杂乱,晦涩难懂。代表作有瑞典的《野草莓》、法国的《去年在马里昂巴德》、意大利的《八部半》等。

美国"大片":二十世纪八九十年代,为了与电视争夺观众,好莱坞不惜耗费巨资,拍摄了许多大场面的故事片。其特点是人物多、场景大、气势恢宏、布景复杂,科技含量高,长镜头,长篇幅,拍摄周期长等,以大投入换来大回报。著名"大片"有《星球大战》《超人》《埃及艳后》《侏罗纪公园》《真实的谎言》《泰坦尼克号》等。

（20）你知道黑泽明吗?

黑泽明是日本著名导演、剧作家,其代表作有《罗生门》《七武士》《梦》等。《罗生门》中所运用的丰富的电影语言和摄影技法当年震惊威尼斯,令西方电影人一片哗然。最引人注目的是樵夫进入森林的段落,随着摄影机的移动,以人物的运动触发摄影机的移动,移动接移动,准确地塑造出樵夫走向迷途的过程。黑泽明在运用电影多角度叙事手段揭示真理的相对性和主观性的同时，鞭挞了人性可悲、不诚实、利己自私的一面。

（21）请简单介绍中国电影五代导演的代表人物及相关作品情况。

第一代导演：指20世纪初到20世纪30年代的郑正秋、张石川等人。他们是中国电影的先驱，民族电影的奠基人，拍摄了中国首批无声故事片。影片内容多受五四精神影响，有反封建倾向。如张石川的《孤儿救祖记》《歌女红牡丹》《火烧红莲寺》等，郑正秋的《劳工之爱情》《上海一妇人》《姊妹花》等。

第二代导演：20世纪30年代到50年代的一批艺术家，如蔡楚生、吴永刚、沈西苓、史东山、孙瑜、费穆、郑君里等。他们拍出了大批具有现实主义内容和民族风格的优秀影片，大多通过家庭的悲欢离合去反映社会，讲究故事性，是中国电影成熟的标志。如蔡楚生的《一江春水向东流》等，孙瑜的《大路》等，费穆的《小城立春》等。

第三代导演：指20世纪50年代起，参加电影工作的导演。如水华、谢晋、谢铁骊、谢添、凌子风、崔嵬等人。影片内容上较多地反映社会变革，歌颂英雄，艺术上追求现实主义风格，讲究戏剧结构，注意电影特点，善用蒙太奇手法，少用长镜头。如谢晋的《红色娘子军》《芙蓉镇》《天云山传奇》《牧马人》《高山下的花环》《鸦片战争》等，谢铁骊的《暴风骤雨》《早春二月》等，凌子风的《光荣人家》《陕北牧歌》《金银滩》等。

第四代导演：指20世纪70年代末才走上导演岗位的一批中年导演。如吴贻弓、吴天明、滕文骥、胡炳榴、郑洞天、黄蜀芹等。他们是新中国第一批科班出身的电影导演，主张用新观念去改造电影，提出"丢掉戏剧的拐杖"，打破程式化，追求开放式结构、散文式风格。如黄蜀芹的《连心坝》《当代人》《超国界行动》《青春万岁》《人·鬼·情》《我也有爸爸》等，黄健中的《小花》《龙年警官》《过年》等，谢飞的《香魂女》《本命年》《湘女萧萧》等。

第五代导演：指20世纪80年代毕业于北京电影学院的一批青年导演。如陈凯歌、张艺谋、吴子牛、田壮壮等人。他们有全新的电影理念，追求表现自我意识和审美理想,把情节放在次要地位,多用象征、比拟手法直抒己见,有很强的主观性、抒情性、象征性和寓言色彩。张艺谋的代表作有《红高粱》《菊豆》《大红灯笼高高挂》《活着》《一个都不能少》《我的父亲母亲》《秋菊打官司》《英雄》《十面埋伏》《满城尽带黄金甲》《千里走单骑》等。陈凯歌的代表作有《霸王别姬》《黄土地》《和你在一起》《无极》《荆轲刺秦王》等。

(22)请简单介绍国际重大电影节。

威尼斯国际电影节:1932年起在意大利水城威尼斯举行,是世界上最早的国际电影节,每年一届,2000年为第五十六届。大奖为金狮奖,次为银狮奖。中国历届获奖作品有《大红灯笼高高挂》《三峡好人》《色戒》等。

戛纳国际电影节:1947年起在法国东南海滨旅游小镇戛纳举行,是一项盛大的电影观摩、评奖和交易活动,每年一届,2000年为第五十三届。大奖为金棕榈奖。中国历届获奖作品有《霸王别姬》《春光乍泄》等。

柏林国际电影节:1951年起在德国的(西)柏林举行,每年一届,2000年为第五十届。大奖为金熊奖。中国历届获奖作品有《红高粱》《我的父亲母亲》等。

奥斯卡金像奖:美国最主要的电影奖。该奖设在"世界影都"好莱坞,加之它历史悠久,后又对外国开放,增设最佳外语片奖,许多人视它为电影界的最高荣誉。中国历届获奖作品有《卧虎藏龙》《断背山》等。

金球奖:美国好莱坞外国新闻记者协会创办的电影奖,1944年设立,每年一届,有"小奥斯卡奖"之称。

(23)简述艺术与生活的关系。

艺术来源于生活而高于生活,二者相互依存,相互促进。艺术是指人在自然界的一切活动中,对自然现象进行的体验、感悟、提炼、加工,并用艺术的形式去表现它。生活是指人在自然界中的一切活动。

① 生活中充满着艺术。在生活中,处处都有艺术。我们能从生活中感悟出美好,感受出艺术无处不在。

② 生活不全是艺术。现实生活不全是艺术。艺术的形成是需要选择、需要取舍的,而不是纯粹地照搬生活,照搬自然。

③ 艺术来源于生活。艺术中到处都体现着生活、体现着自然。艺术来源于生活,生活来源于自然。生活是千姿百态的,自然是变化无穷的,因此,艺术也是丰富多彩的。

④ 艺术高于生活。艺术来源于生活,却高于生活,艺术是生活的提炼、加工和再创造。

(24)你认为目前中国主旋律电影的创作存在哪些主要问题,如何解决?

① 选材上存在刻板、符号化、模式化、个人倾向严重、与观众欣赏角度脱离等诸多问题。不能全面、准确地理解"弘扬主旋律"与"提倡多样化"的问题,把主旋律理解得很狭隘,将主旋律题材化,认为只有重大革命历史题材、英模题材、国家重点工程题材才是主旋律。此外,把主旋律与多样化对立起来,把主旋律与作品的群众性、普及性割裂开来,认为主旋律作品不需要市场检验,导致一些作品根本没有可看性。

② 发行渠道的闭塞导致无法完成产业化经营,缺乏足够的回报,难有更多资本投入以支持创作。

③ 缺乏精品意识,创作方向缺少竞争力。难有突破,少有创新。

④ 评奖机制欠佳,既无有国际影响力的奖项,又无有观众基础的、符合观众心理的权威。

(25)电影剧作中人物和情节的关系如何?

① 情节的发展,是由人物的行动而产生的。情节就是描写人对于事所采取的行动;在事件中,由于人物的性格(思想、感情……)不同或某一部分相同,于是在行动中间,有的人互相联系起来了,有的人却互相矛盾冲突起来,这就使事件不断演化(也就是情节不断发展)。由此可以看出,情节的发展是由人的行动而来的,人的行动又是根据人物的性格而产生的,所以,情节的发展就服从于人物的性格,它不可能是脱离了人物的性格凭空而来的。

② 人物的形象,是通过情节来刻画出来的。要看出一个人究竟是怎样的人,他究竟有着什么样的性格(思想、感情……),就只有通过他在对事对人上究竟抱着什么样的态度,采取什么样的行动,才能看得出来。描写这些人物在对事对人上的态度和行动,正是情节的任务。情节如果不负起这个任务,就不会有突出鲜明的人物形象,这是显而易见的。

由此看来,对人物形象的刻画和情节发展的描写,实际上是同一东西,它们之间是相辅相成的,谁也离不开谁。情节如果不根据人物的性格而凭空去发展,它就一定不会是"合情合理"的;情节的发展不合情理(因为它脱离了人物的性格凭空去发展),也就不会有突出的、深刻的人物形象。

(26)你对中国电视剧的现状有什么样的看法和想法?

① 中国电视剧消费量巨大,发展空间广阔,制作力量规模庞大,有着覆盖面积庞大的放映播放网络支持。同样,也存在市场局面混乱,缺乏规范;制作队伍素质良莠不齐、鱼龙混杂;名品精品少,缺乏宣传且没有足够获取回报;发行网络、制作设施设备存在浪费的问题。

② 市场缺乏有效的政策法规、监督管理队伍和办法;缺乏行之有效的准入机制和人才等级评定制度;缺乏产业式的制作发行意识和专业知识、精品意识;投资方、制作团队短视行为普遍;重复投资等历史遗留问题严重。

③ 充分利用中国电视剧市场巨大的消费空间;规范电视剧市场管理,建立行之有效的管理机制和政策法规;建立健全完善的人才选用机制,提高电视剧的制作质量,多出精品名品;完善宣传和发行渠道,使其能获取较好的回报,从而带动区域发展;充分利用资源,杜绝重复性投资,消除投资方、制作团队的短视行为,节省资源;多参与竞争,在竞争中求发展。

(27)请简单介绍音响的种类。

① 动作音响:人和动物行动所产生的声音。如人的走路声,打斗声,动物的奔跑声。

② 自然音响:自然界中非人的行为动作所发出的声音。如风声、雨声、鸟语虫鸣。

③ 背景音响：通称群众杂音。

④ 机械音响：因机械设备的运行所发出的声音。如汽车、火车、轮船、飞机声，电话声、钟表声。

⑤ 特殊音响：经过变形处理的非自然界的音响。神话片、科幻片中多用。

（28）一部电影的完成大致分为几个阶段？

一部电影的完成包括三个阶段：剧本阶段、拍摄阶段、剪辑阶段。

剧本阶段：用文字描绘出的未来影片视听形象的蓝图。

拍摄阶段：根据电影剧本拍摄出、录制出一系列影像和声音素材。

剪辑阶段：将影像素材和声音素材进行加工处理后，创造性地把它们组接成一部电影。

（29）请简要介绍三点布光。

主要做法如下：

首先，把主光光源（主光灯）放在被摄主体的前面，它应与被摄主体形成一定的角度。

然后，在被摄主体的一侧布置副光，以部分地消除主光照射下被摄主体所形成的阴影。

最后，布置逆光。把光源放到被摄主体后面的高处，使被摄主体四周的边缘有一个光环，主体会富有立体感。

（30）请简要介绍起幅与落幅。

起幅：运动镜头开始的画面（固定画面）。要求构图讲究，有适当长度。一般有表演的场面应使观众能看清戏剧动作，无表演的场面应使观众能看清景色。具体长度可根据剧情内容或创作意图而定，由固定画面转为移动画面时要自然流畅。

落幅：运动镜头终结的画面（固定画面）。要求由移动画面转为固定画面时平稳、自然，尤其重要的是准确。在特殊条件下，运动镜头之间相连接时，画面也可不停稳，采用动接动的衔接方法。

第四章

CHAPTER THREE

即兴评述

在艺考中，即兴评述是面试过程中的必考内容之一。考官旨在通过考生评述过程中各方面的表现来考查考生的综合素质，具体包括考生的心理素质、对事物的认识、对突发事件的反应能力、逻辑思维能力等。

本章从即兴评述的解题思路、答题技巧、应对方法等方面来阐述相应能力的培养，笔者结合多年考场实地经验对历年即兴评述的真题进行了认真仔细的研究，从大量的真题中总结出了即兴评述类考题的一般模式、类型，归纳出了实用的应试技巧，并且就相关社会热点问题进行了详细的分析，预测了命题的方向。考生通过本章的学习，能够对即兴评述有更好和更深入的了解，以在考试中取得满意的成绩。

第一节　即兴评述概要

一、什么是即兴评述

即兴评述是艺术类专业考试中较有难度的一项内容，目的在于考查考生快速思维和组织语言能力、口语表达能力以及临危不乱的心理素质。它要求考生思维敏捷，能够快速组织语言等，同时，它也是对考生知识功底、文化素养的检验。从历年的考试情况来看，有相当一部分考生因在这一环节中表现不理想而影响了专业考试的成绩。因此，即兴评述是考生需要格外重视和认真对待的考试项目之一。

即兴评述实际上就是一篇小议论文，评述时间一般要求在 3 分钟到 5 分钟之间。考生抽取题目后有 5 分钟左右的准备时间，随即就要进入考场。随着考生数量增多,个别实行单招、校考的院校有时会将即兴评述的时间压缩,大多数情况下考生即兴评述的时间在 2 分钟之内即可能被考官打断。

二、即兴评述题目类型

即兴评述的题目都是议论性的,出题的内容范围基本上都是围绕高中生的学业知识、常识等。比如,"对高中生'早恋'现象谈谈你的看法"或"你如何看待当前开展的学雷锋活动""谈谈你对'社会主义核心价值观'的认识""我看大学生创业现象""你的座右铭""谈谈你喜欢的一句格言""谈谈你对推广通用手语的认识"等。这样的一些题目都带有很强的话题性,让每一个考生都有话可说。

即兴评述的题目类型可分为以下四种。

(一)话题类型

例如,"谈谈诚信"。

对于这种话题类型的即兴评述,很多考生在初看到话题时会出现大脑空白的情况,觉得话题有些空泛,不知道说什么,从哪些方面说,该如何说等。对此,考生可以从以下几个方面入手,例如,什么是诚信、诚信的作用、讲诚信的意义等。在表达的过程中,可以适当地引用名人警句,列举中外事例。例如,面对"谈谈诚信"的话题时,可以平时多积累"天地有纪矣,不诚则不能化育"这样相对较陌生的文言古句,只有平时的多阅读、积累,才能避免考场上只能列举家喻户晓、耳熟能详的名句和事例,陷入千篇一律的俗套中,试想如果每个考生都举例相同,那么很容易让考官产生审美疲劳。

(二)材料类型

例如,一个刚上车的小男孩让公交车司机等下自己的妈妈,过了几分钟,妈妈还没到,车上乘客开始埋怨,这时小男孩的妈妈拖着残疾的腿上车了,所有人都沉默了。你对这个现象怎么看待,请做一则即兴评述。

此则材料首先要关注关键词"几分钟""埋怨""残疾""沉默",从这几个关键词中,我们可以概括出这则材料是讲"理解与包容""对残疾人多些关爱"的主题。

材料类型的题目主要是给予考生一则材料,要求考生在阅读完材料过后,能迅速从材料关键信息中提取核心主题,加以概括和总结,从而组织出自己所要论述的内容。材料的内容一般很广泛,可以是寓言,也可以是社会热点事件。在考试时,考生即使是看到与平时练习过的材料非常相近的内容,也不可过于欢喜,要注意观察材料之间的区别,往往表面看文字材料相似但实际要考查的主题内容却有所差别,所以考生要特别留心。

(三)名言警句型

例如,你如何理解"失败是成功之母""宝剑锋从磨砺出,梅花香自苦寒来"等。

对于名言警句型的题目,往往所给予的名言警句就是论述的中心,不需要考生特意再去概括或总结。这时,考生仅需要从所给的论点出发,联系实际进行发散思维并相应地进行阐述即可。

(四)新闻类型

例如,你如何看待"魏泽西事件"。

从"魏泽西事件"中,我们不仅仅要看到当下网络广告所推送的内容的真实可靠性,还要看到当下中国医疗制度中的一些弊病。

新闻类型的题目在某种程度上原本是材料类型的一种,但是新闻类型题目的材料更贴近生活,更能考查考生对于社会热点、对于身边事件的关注程度,能体现出考生的综合素质。新闻类型的题目往往是"就事论事",考生在作答时从材料中提取出论点后,评述时一定要结合材料,千万不能漫无边际、毫无根据地评述,而是要在评述的过程中时时回顾,紧扣材料展开。

三、即兴评述考查范围

(一)考查文学功底、社会常识和对重要新闻时事的掌握情况

作为一名合格的传媒人,必须要有扎实的文学功底,要有丰富的社会常识,同时还要时刻关注国际国内重要新闻时事,否则观点就会流于浅薄,评述起来就会显得空洞乏力。在即兴评述考试中,当考生抽到题目后必须在短时间内理解题目的内涵深意,如果闻所未闻、一无所知的话,会无从下手。所以,考生应该从日常生活中的一点一滴着手,注重平时的知识积累。

(二)考查快速思维能力以及思维的深度和广度

考生只有在短时间内迅速架构起评述的整体框架,才能够有逻辑、有条理地展开评述。如果考生思维滞涩,思维逻辑较差,将会导致语无伦次、词不达意。因此,考生应该具备快速思维的能力,分析题目、归纳主旨、搜集材料的速度要快。同时,为了在评述中显示出自己的独特之处,思考问题时要具备深度和广度,分析问题也不应流于表面,肤浅而空洞。

进行即兴评述的步骤一般是先摆出自己的观点立场,然后围绕观点展开评论。这就需要考生有比较严密的思维和清晰的条理,能够让听者比较容易理解自己的思路和立场。事实上,由于面试的特殊性,紧张情绪下考生往往会出现短暂的思维混乱或思维空白,感觉"不知从何说起"。这就需要考生在考前进行大量的模拟练习,找出其中的规律性,形成自己特有的话语定势,方能在考场上从容应对。

（三）考查语言组织能力和口头表达能力

在思维持续运转的前提下，考生必须能够随时将思考到的内容组织在一起，并且用得体的语言完整顺畅地表达出来。语言组织的前提需要较强的思维能力，但并不是说只要具备了较强的思维能力就一定能把语言组织好。日常生活中我们也经常能够碰到这样的人，他们的想法往往很好，可是一旦要形成具体的语言表达出来的时候，就和脑海中思考的内容相去甚远，很多人在语言表达方面就是"茶壶里面煮饺子——倒不出来"。传媒类专业对口头表达能力有着较高的要求，考生绝对不能"倒不出来"。因此，良好的语言组织能力和口头表达能力是在即兴评述环节所考查的重点之一。

（四）考查考生对社会现实的辨别能力和认知程度

即兴评述的题目往往只是将某一种现象或者某一种说法摆在考生面前，至于这种现象是否正常，这种说法是否正确，答案有时比较鲜明，有时也会像一个辩论命题一样，模棱两可，似是而非。作为高中生来讲，对自己周围的社会环境以及在这个环境中所存在的事物已有一定的判断能力，也应该有自己的思考。因此，考生不仅要学习课本上的知识，还应该进一步拓宽视野，丰富自己的阅历。

（五）考查心理素质和应变能力

无论事先筹划得怎样周密，也难以将临场的种种随机性问题预料得面面俱到，如果传媒工作者不具备敏锐的反应意识和应变能力，面对突然发生的变化或者临场出现的种种随意性反应，就很难迅速做出准确的判断，果断地采取相应的措施，及时控制话题，并掌握情绪调动、气氛调节的主动权。传媒工作者要面对随时随地可能出现的各种情况，做到处变不惊、化险为夷，这是传媒人必备的能力。

（六）考查考生对是非的判定能力

通常提供给考生的即兴评述题目都是有一定争议性的时事社会话题,如果论述得当甚至正反两方面都是可以成立的。对于一件事情的理解,首先就可以反映出考生的人生观、世界观。不管是从事件的哪个方面去阐述,考生的立场必须是准确的,即能够被社会、道德、法规、主流意识形态所认可,传递正能量。所以,考生在立意的时候必须非常注意这一点,否则一着不慎,满盘皆输。

（七）考查观点创新能力

用于艺考的即兴评述题目,往往是社会舆论已经热烈讨论过的话题,因此,在应试的时候,一些创新的观点和思维方式往往更容易引起考官的注意,只要考生能够言之成理,肯定会获得更多的印象分。考生不妨多运用逆向思维、发散思维、类比思维等方式,让自己的观点在情理之中,又在多数人的意料之外。

综上,我们可以看出即兴评述考查的知识范围非常广泛,而且通过即兴评述,考官能够迅速了解考生的思维、表达、认识、心理、逻辑、创新等多方面的综合素质,所以考生在备考阶段要特别重视相关方面的积累和练习。

第二节　即兴评述解题要领

前一节中我们介绍了即兴评述的内容和考查方向,下面我们将对具体的解题要领进行进一步讲解。

一、即兴评述解题思路

（一）审题立论，破题表态

对于命题式的即兴评述，考生直接进入构思即可。例如，"我看电视广告""失败是成功之母""酒香不怕巷子深"等，考生可以直接考虑从题目切入，进行结构、内容和措辞的准备；"我中学时代的一个朋友"，这个题目就要求考生在脑海中立刻呈现出自己所要表达的人物形象特点，确定好表达的切入点，抓住人物性格等重点有声有色地进行评述；"由交通堵塞想到的"，考生可以根据题目迅速构思主题，如提高司机的行车道德水平、加强城市道路规划建设等，然后紧紧围绕相应的中心点进行发散性思维，按照逻辑娓娓而谈，自然就能引发考官的兴趣。

对于那些未确定主题的命题，就要尽快立意。抽到题目后，首先，要认真审题。明确问题及要求，用半分钟的时间浏览题目材料及答题要求，明确材料中的关键词。其次，进行审题思考。将所标注的关键词或关键句等总结概括成自己的观点。最后，罗列发言提纲。根据提炼出的有价值的内容罗列出思路清晰、内容简练的提纲。考官一般在考生抽取题目后，都会让考生把题目出声朗读一遍，目的就是让考生明确并且记准题目。准备时，最重要的是要有一个鲜明而正确的观点，这就是"立论"。观点既要鲜明也要正确。比如"对高中生'早恋'现象谈谈你的看法"一题，如果考生的观点是"高中生'早恋'也没有什么，处理好了还可以促进学习，事业爱情两不误"，这个观点虽然很明确，但不能说是考场上较为适宜的回答。

（二）分析论证，巧用例证

1. **基本论证方法**

把破题表态中已经确立的鲜明主题作为论点，通过理论和事实的有机结合，对中心论点进行多角度、多层次的论证阐述。如拿到"针对社会需要高学历还是低学历人才谈谈你的看法"这一题目，可以这样设计提纲和结构：

（1）亮明观点：讲学历但是不唯学历，适用才是最重要的。

（2）引用名言警句进行道理论证。

（3）联系实际，举例论证或者反面论证。

（4）总结升华。

2. **定向补充，丰富内容**

要将提纲变成具体的构思内容，内容是"说话"表达的基础。我们仍以上题为例进行讲解。

（1）借用名言警句。"古人曾说，'良剑期乎断，不期乎镆铘；良马期乎千里，不期乎骥骜'，就是说好剑不在于是否是名剑，而是在于其能否砍断东西；马不在乎是否是名马，而在于它能否日行千里；对于人才不应在乎它是否拥有高学历，而是应该看他有没有实际能力。"

（2）运用正反论证来分析。"不是说高学历的人就没有适合适用的才干，也不是说低学历或者无学历的人就有适合适用的才干，而是说，无论学历的高低，有适合的单位来使用人才才是最重要的。"

（3）做出结论。"其实不论是高学历还是低学历，都要讲求自身的能力与才干，使自己的所学使用于社会，这才是最重要的。"

（三）联系实际，提炼升华

最后要把名言警句中论证的观点与自己的生活、学习相联系，通过联系实际进行主题的提炼升华。联系实际，是联系自己的实际，联系自己身边人的实际,联系自己所熟悉的社会与环境的实际,谈自己最为熟悉的、最有感受的人和事,才能有感而发,入情入理。

二、即兴评述技巧要领

即兴评述是要考生谈谈对某一问题的看法,而不是让考生完成一篇理论文章或学术演讲,因此,不必把问题想得太复杂、太抽象、太"理论化"。即兴评述中,注意把握以下技巧要领即可。

1. 谈吐自信

即兴评述的成功与否,与考生的自信心强弱有直接关系。准备得再好,怯场不自信也难以发挥出色。加上即兴评述的考试有些是在电视演播室的环境下进行,有的考生第一次进入这样的环境,在聚光灯下,面对摄像机镜头,的确容易紧张。因此,自信心就显得尤为重要。可以用"把听众设想成不同意你的观点的人"的方法来调动自己的评述欲望,"我有理""我一定要说服你",可以增强评述的主动性、说服性。另外,考生应尽量使评述连贯、流利,即使一时"无话可说",也要"硬着头皮往下说",不要让语流出现"断线""卡壳",因为这种"断线""卡壳"会加剧思维的空白和心理的紧张,只要咬紧牙关,坚定信念,就一定能够渡过难关。

2. 语言流畅

在面试的过程中要保证语言的流畅性。有的考生虽然演讲的构思、语句的文采都不错,甚至开场白也非常精彩,但是,整个演讲断断续续,结结巴巴不顺畅,其在考官心中的印象便会大打折扣,成绩也不会太理想。造成这种现象是由于紧张而导致语言不够流畅。口语和书面语的区别即在于严谨度不同、灵活度不一样、句子的长短不一样。很多学生平时写多说少,文采横溢而嘴笨舌拙,平常喜欢反思自己刚说过的话,喜欢重复、调整自己说过的话,久而久之就养成了不良习惯,这在很大程度上会束缚自己的临场发挥。播音员、主持人靠"说话"取胜,编导也要靠"说话"与人沟通,可以说这两个行业都要靠"说话"进行日常工作,"说话"在工作中占有很大的比重。因此,考生要克服结结巴巴、断断续续等语言表达不流畅的问题。

三、即兴评述锻炼方法

1. 自拟题目,勤于练习

即兴评述对考生在短时间内组织语言的能力和逻辑思维等综合素质要求较高,没有平时的实践积累,难以一蹴而就。因此,考生可以通过平时自选题目、自我评述的方式、加以练习,积累经验。临参加考试之前一两个月,在学习之余,考生可以拿出一点时间,自拟一个题目,先准备几分钟,再评述几分钟。开始可以准备时间稍长一些,如准备 20 分钟,然后说上 3—5 分钟。随着练习次数的增加和经验的积累,准备时间可以逐渐缩短。关键是要熟悉即兴评述的程序和方法。可以请家人或同学帮助自己练习,请他们做自己的听众,事后帮助分析不足。当训练了 10 多个题目以后,考生往往就会发现自己即兴评述的能力已经大大提高了。需要提醒广大考生的是,即兴评述准备时无需把要说的每一句话都想好,因为无论是主观上还是客观上都做不到这一点。有些考生在评述时往往说了一半,甚至只说了几句话就说不下去了,其中有很大的原因就是没有把提纲和结构准备好,话说了一半就不知道接下来再说什么了,这是特别要吸取的教训。建议考生们在熟悉本书所介绍的程序和方法的基础上,并随时随地勤加练习。功到自然成,训练到一定程度,即兴评述的能力自然会大大提高,评述起来也就会得心应手,游刃有余。

2. 留心生活,勤于思考

面试本质上是一种信息的交流,而这种交流是建立在信息充足的基础上的,也就是说,这种交流是有意义、有内容的。因此,想要在即兴评述的时候所表达的内容更加充实,思维更加开阔,在准备的初始阶段就要做好知识积累的工作,为拓展思维提供素材,包括熟知时政热点、哲理故事和熟记专业知识等。考生要在生活中多观察,留心社会、国际、军事、科技、文化等诸多方面的热点问题,这样才能在应对不同的即兴评述材料时做到心中有数,不慌不乱。

第三节　即兴评述热点必备

即兴评述的题目大都会从当年的热点时事与新闻事件当中选取,所以考生在备考时是有章可循的,我们根据多年的培训和研究经验,对 2017 年即兴评述的出题方向做了认真预测,以便考生在准备与练习时更有针对性,有效提升学习效率。

一、考题回顾

影视文学类

- 谈谈你最欣赏的作家
- 评论一部张艺谋的电影
- 评论一部冯小刚的电影
- 评论一部陈凯歌的电影
- 评论一部顾长卫的电影
- 谈论一部国外电影
- 评论一个你最喜欢的导演
- 评论一个你最喜欢的男演员
- 评论一个你最喜欢的女演员

- 评论一本你最喜欢的书
- 评论一个你印象深刻的广告
- 评论一档你最喜欢的娱乐类节目
- 评论一部你喜欢的电影
- 评论一个你喜欢的中国导演
- 评论一个你喜欢的外国导演
- 评论一部你最不喜欢的电影
- 评论一个你最不喜欢的中国导演
- 你理想中的电影院是什么样子的
- 你印象最深刻的一部话剧是什么
- 你如何看待当今中国电影市场的"大片风行"
- 你觉得"独立电影"的生存空间在哪儿
- 评价中国电影的商业化进程
- 从今年贺岁档电影中挑选一部进行评论
- 如何看待红色经典改编热
- 如何看待"穿越剧"热播的现象
- 如何看待网络文学
- 请你谈谈引进好莱坞大片对我国电影市场有哪些影响
- 评价电影对中国文化的影响
- 你对电视节目创新有什么看法
- 请你谈谈对"收视率是万恶之源"这句话的看法
- 你对成功的影视作品拍续集有何看法
- 你怎样看待方言类电视和广播节目
- 谈谈你对名人做广告代言人的看法
- 如何看待明星的慈善现象
- 跟报刊比起来,你觉得广播、电视的优势是什么

- 谈谈你对各地方卫视各自办春晚的看法

- 如何看待主持人明星化

- 春节联欢晚会有没有必要办下去

- 你怎样看待名著翻拍的现象

- 给春节做一个广告

社会热点类

- 列举一个 2015 年的网络热词并进行分析

- 谈谈你对目前大学生就业难现象的看法

- 你对男女就业机会不平等现象如何看待

- 生活富裕了是否还需要节俭

- 谈谈拜金主义的危害

- 谈谈你对"留守儿童""空巢老人"现象的看法

- 谈谈你对"天天 3·15"这句话的理解

- 谈谈你对大学生为求职而整容的看法

- 谈谈你对人造美女的看法

- 谈谈你对中国足球的看法

- 网络语言的大量流行会影响汉语的纯洁性吗?请谈谈你的看法

- 你对青少年沉溺网络有什么看法

- 谈谈中国的房地产市场和对你的生活的影响

- 如何看待全国各地地铁的火热建设

- 如何看待恢复繁体字的呼声

- 如何看待明星绯闻现象

- 如何看待民俗文化游热的现象

- 如何看待收藏热

- 如何看待拆迁中的钉子户现象

- 如何看待中学生"早恋"现象

- 如何看待考证热现象
- 谈谈你对环境保护的建议
- 如何看待公务员报考热
- 如何看待大学生父母陪读热现象
- 如何看待网络游戏
- 如何看待交通堵塞现象
- 如何看待中学生的攀比心理
- 如何看待假新闻现象
- 如何看待"啃老族"
- 如何看待广电总局出台的"限娱令"
- 谈谈你对城市建设"千城一面"现象的看法
- 谈谈你对近年来报考艺术类的考生人数剧增的认识

成长认知类

- 你如何理解艺术
- 你是如何理解"慈母手中线,游子身上衣"
- 生活中我们缺少什么
- 你认为你学编导专业的优势是什么
- 你如何理解时尚
- 谈一谈你为什么要选择编导专业
- 谈谈你向往的地方
- 谈谈你最喜欢的一句格言
- 谈谈你的家庭
- 谈谈新型电子产品的发展对传统文化的影响
- 谈谈文化创新和继承的关系
- 你理解的"温度"是什么意思
- 你觉得"灵感"是什么

- 你怎么看"皇帝的女儿不愁嫁"

- 谈谈你喜爱的一座城市

- 你认为童年的颜色是什么,理由是什么

- 你是怎么理解"削履适足"的

- 你如何对待别人的赞美

- 你对"北漂族""蚁族"怎么看

- 你觉得最崇高的职业是什么

- 你如何理解艺术与生活的关系

- 你如何看待人际关系的冷漠

- 如何理解和谐社会

- 谈谈幸福感

- 用一分钟时间推销你自己

- 如何看待城市文化

- 如何看待艺术中的高雅与通俗

- 如何看待代沟现象

- 如何看待"酒香不怕巷子深"

- 谈谈你对友谊的理解

- 如何理解"细节决定成败"

- 竞争与合作哪个更重要

- 如何理解"态度决定一切"

- 如何看待传统与现代

- 谈谈你对自信与自负的理解

- 谈谈你对"越是民族的,就越是世界的"的理解

- 谈谈你对"独木不成林,单弦不成音"的理解

通过我们对往年考试题目的总结与归纳,可以发现很多即兴评述试题都是围绕着社会主义核心价值观来设置的,以下将对部分考题进行具体的分析。

（一）命题角度解析

角度1：从"富强、民主、文明、和谐"——国家角度命题。

角度2：从"自由、平等、公正、法治"——社会角度命题。

角度3：从"爱国、敬业、诚信、友善"——个人角度命题。

1. 从法治角度命题

［案例示范］

　　因父亲总是在高速公路上开车时接电话，家人屡劝不改，女大学生小陈迫于无奈，更出于生命安全的考虑，通过微博私信向警方举报了自己的父亲，警方核实后，依法对老陈进行了教育和处罚，并将这起举报发布在官方微博上。此事赢得众多网友点赞，也引发了一些质疑，经媒体报道后，激起了更大范围、更多角度的讨论。对于以上事情，你怎么看？请试做即兴评述。

2. 从富强、敬业角度命题

［案例示范］

　　当代风采人物评选活动已产生最后三名候选人。小李，笃学敏思，矢志创新，为破解生命科学之谜做出重大贡献，率领团队一举跻身国际学术最前沿。老王，爱岗敬业，练就一手绝活，变普通技术为完美艺术，走出一条从职高生到焊接大师的"大国工匠"之路。小刘，酷爱摄影，跋山涉水捕捉时光美景，他的博客赢得网友一片赞叹："你带我们品味大千世界。""你帮我们留住美丽乡愁。"这三个人中，你认为谁更具风采？请试做即兴评述。

3. 从爱国的角度命题

［案例示范］

　　在中华民族发展的历史长河中，从古至今诞生了无数英雄人物：

岳飞、林则徐、邓世昌、赵一曼、张自忠、黄继光、邓稼先……他们为了祖国,为了正义,不畏艰险,不怕牺牲;他们也不乏儿女情长,有着和普通人一样对美好生活的眷恋。中华英雄令人钦敬,是一代又一代中华儿女的榜样。假如你与心中的英雄生活一天,你会做些什么?请简单讲一讲。

4. 从友善的角度命题

[案例示范]

一个刚上车的小男孩让公交车司机等下自己的妈妈,过了几分钟,妈妈还没到,车上乘客开始埋怨,这时小男孩的妈妈拖着残疾的腿上车了,所有人都沉默了。对于以上事情,你怎么看?请试做即兴评述。

5. 从文明的角度命题

[案例示范]

一位游客回忆在卢浮宫旅游的经历。他在凝视着一幅幅精美绝伦的绘画时,忽然听到一句乡音:"蒙娜丽莎就在前面那个厅! 快走啊!"顺着声音望去,是一个20多人的中国旅行团。这个团瞬间炸开了锅! 大家你一言,我一语,满心欢喜,迈着"急行军"的速度冲向挂着那幅名画的展厅。等他们走到《蒙娜丽莎》所在的展厅,发现早已有一些中国游客把画围了个里三层外三层。由于他们的声音太大,博物馆管理员走过来提醒他们不要喧哗。对于以上事情,你怎么看?请试做即兴评述。

(二)"社会主义核心价值观"的模板示例

对于社会主义核心价值观的问题,许多考生在接触到题目时往往不知道如何组织语言,下面我们就以下常用话题给出一些模板示例回答。

1. 关于"富强"话题

[案例示范]

中国近代政治家、维新派人士谭嗣同曾说："欲讲富强以刷国耻，则莫要于储才。"中国需要更多这样的青年，让我们牢记他们的故事，做一个合格的青年。

2. 关于"文明"话题

[案例示范]

文明是什么呢？文明是遇上同学时的甜甜微笑，文明是发现同学有困难时的热情帮助，文明是在公共汽车上对老年人的搀扶与让座，文明是见到师长时的亲切问候，文明是得到别人帮助后的一声"谢谢"，文明是平时与人相处时的理解与宽容，文明是自觉将垃圾放入垃圾箱的一举一动，文明体现在我们平时生活中的细小事情上。

3. 关于"平等"话题

[案例示范]

对于平等的梦想，中国人从未放弃追求。1924年4月4日，孙中山在广东第一女子师范学校发表演讲，阐释何谓"三民主义"："民族主义是对外人争平等的，不许外国人欺负中国人；民权主义是对本国人争平等的，不许有军阀官僚的特别阶级，要全国男女的政治地位一律平等；民生主义是对贫富争平等的，不许全国男女有大富人和大穷人的分别，要人人都能够做事，人人都有饭吃。"显然，所谓"三民主义"，核心诉求归根结底都是"平等"。

4. 关于"公正"话题

[案例示范]

社会公正是一个古老恒久的话题，有史以来，人们便开始思考如何让社会变得更加公正；社会公正又是一个常谈常新的话题，随着人类社会的发展，人们对社会公正总会不断提出新的要求。作为衡量社会文明与进步的一个重要尺度，社会公正始终与人类社会发展相伴相随。

1788年，64岁的德国著名哲学家伊曼努尔·康德在他当年发表的名著《实践理性批判》中写道："世界上有两件东西能够深深地震撼人们的心灵，一件是我们心中崇高的道德准则，另一件是我们头顶上灿烂的星空。"

当"公正""正义""平等"成为人们心中内在的美德与心中的道德律的时候，我想社会公正这一问题就不难解决了。

5. 关于"法制"话题

[案例示范]

美国、芬兰等国校园内枪击案不断，而悲剧的制造者皆为一些在校生。因为一些口角，因为遭人歧视，因为无人关心，狂妄的心被激怒，最终扣响罪恶的扳机，如花的无辜生命瞬间凋零。这血的教训告诉我们：法制进校园，刻不容缓！可曾还记得马加爵，这个平日默默无闻的人，转瞬就成了恶魔。生命有时可以是天使，也可以是魔鬼！

法学家拉德布鲁赫有言：法律秩序关注的是，人类不必像哨兵那样两眼不停地四处巡视，而是要能使他们经常无忧无虑地仰望星空和放眼繁茂的草木。

6. 关于"敬业"话题

[案例示范]

近代思想家梁启超在他的《敬业与乐业》一文中指出："敬业主义，于人生最为必要，又于人生最为有利。"著名教育家蔡元培先生则有明确的解读:"今之人误解职业,以得权利为唯一目的,实则不然。重在义务,不仅有益自身,且须有益于人群,始不辜负此人生。"

正如美国黑人领袖马丁·路德·金所说:"如果一个人是清洁工,那么他就应该像米开朗基罗绘画,像贝多芬谱曲,像莎士比亚写诗那样,以同样的心情打扫街道。他的工作如此出色,以至于天空和大地的居民都会对他注目赞美:'瞧,这儿有一位伟大的清洁工,他的活儿干得真是无与伦比!'"职业没有高低之分,没有贵贱之别。每一项工作都值得我们去做,值得我们用心去做。只要我们勤勤恳恳、尽职尽责、精益求精,就会做出不平凡的成绩。

20年来坚持每周出诊6天的98岁仁医——胡佩兰,当选"感动中国"人物时,组委会给她的颁奖词中说道:技不在高,而在德;术不在巧,而在仁。医者,看的是病,救的是心,开的是药,给的是情。扈江离与辟芷兮,纫秋兰以为佩。你是仁医,是济世良药。

7. 关于"诚信"话题

[案例示范]

诚信的力量来自哪里? 正是来自每个人、每件事的坚守。现实中,不诚不信,可能会得利一时。然而,无论是企业口碑、人气的丢失,还是个人信任、评价的下降,失信者终究会输掉未来。只要人人以诚信为荣,诚信就能成为诚信者的通行证。

诚信是社会主义核心价值观的重要内容。培育之、践行之,靠我们每一个人共同努力。政府可建制度,让诚信得利、失信难行;媒体可成平台,褒扬诚信、鞭笞失信;每个人也都可为"诚信大使",身体力行,打造一个"诚信中国"。

二、热点事例

基于对以上考题的再现与总结,结合当下的社会发展趋势,我们按网络科技、影视媒体、社会时事、城市建设等类别热点问题做了归纳与预测,希望考生在备考阶段认真学习准备。

(一)网络科技

即兴评述 1. 你认为网络提速降费会产生哪些影响?

➢ **参考观点**

其一,"提速降费"这枚"石子",将激起一连串"涟漪"。"提网速、降网费"释放出重塑一个更加成熟的电信市场的信号。市场竞争更激烈、市场发育更完整时,自会形成更真实、更有竞争力的电信资费体系。

其二,提速降费有益于基于互联网的创业创新,从投资、技术、场地等方面而言,无疑能降低创业创新的成本门槛,令普通公众甚至偏远地区的网民,都能参与其中。提速降费并不是单纯对网民让利,它事关互联网建设发展,进而对营造大众创业、万众创新的环境氛围和促进经济的转型升级具有重要意义。

即兴评述 2. 如何应对微信朋友圈中传播的谣言?

➢ **参考观点**

第一,微信是一把"双刃剑",它在满足人们信息需求的同时,也混杂着各类虚假信息,甚至会影响社会安定。很多谣言触动着公众敏感的神经,容易在社会上引起极大恐慌。

第二,微信由于便捷高效、参与普遍等多方面的特性,能在短时间内聚集起大量用户,让每个人都能够自由地表达自己的看法,促进社会信息的互动交流。然而,微信毕竟是一个虚拟空间,大部分用户在面对如此海量的信息时并不具备逐一进行查验证明的条件,这为网络谣言的传播留下了巨大的生存空间。

第三,信息传播最基本的要求就是真实性,微信谣言的传播最终会给个人和社会带来双重损失。尤其是当政府和社会信任度下降后,一个极大的负面后果就是"造谣的成本很低,而辟谣的成本则很高"。

第四,对于每位微信用户来说,都应有自己独立的判断和思考,不要盲目听信网络传闻,避免谣言更大范围地传播。唯有如此,网络民意才能够得到更有效的表达,进而为政府部门科学决策提供有效的参考,实现个人与社会的双赢。

即兴评述 3. 你认为手机软件预约专车目前面临哪些问题?

➢ **参考观点**

从"以人为本"和经济社会发展的视角来看,专车是基于移动互联网的出行服务创新,优化了资源配置,缓解了出租车供需矛盾,能有效帮助市民出行,减少环境污染。很多城市认定"专车"非法指向的是没有运营资质的私家车,这是有理有据的。专车的出现,在一定程度上扰乱了整个行业原有的秩序。此外,从司机上岗考核、定价合理性、发票、保险赔付等方面来讲,专车都没有受到正规监管,无法保障乘客利益。所以,应尽快调整相应的法律法规,把专车服务纳入法治框架。

即兴评述 4. 日前,在互联网上突然爆红的 Papi 酱系列视频,因主持人时常爆出网络低俗语言而被勒令整改。广电总局要求去除网络低俗语言内容,符合网络视听行业的节目审核要求后,才能重新上线。这一事件也引发网友热议,你怎么看?

➢ **参考观点**(来源:《人民日报》)

第一,择善而从,不善则改。

网络发展至今,碎片化书写、病毒式传播的"网络流行语",正全面影响着大众文化视野。但媚俗表达全民风行，庸俗粗鄙大行其道，低俗詈语甚嚣尘上，让很多人不禁感慨："如今的互联网越发地重口味了！"

对于网络低俗语言的规范和治理，也有不同意见。一部分观点认为：网络语言传播快、消亡快、生命周期短的特质，使得其本身带有"自净机制"。从最近席卷网络的"翻船体"，到年初刷屏的"猴赛雷"，网络热词往往都如昙花一现，经不起时间考验，会自行消散。

第二，划定底线，分清责任。

从全世界范围来看，监管滞后是普遍存在的问题。我国需要建立新的管理模式，把各相关责任主体都纳入互联网治理体系中来。互联网思维强调开放参与、群策群力，主张充分尊重和调动各参与方的积极性，诉诸他们的责任意识和道德良知，因此政府应该鼓励公众积极参与互联网治理。

第三，外立章法，内修涵养。

语言文字是民族文化传承与发展的重要载体，应把学校教育作为加强青少年规范使用语言文字的主阵地，从教材、课程设置、课堂教学和考试标准等方面正本清源，提高青少年规范使用语言文字、开展健康文明的网络生活的意识和能力。

综上，我们认为，"管"和"导"同样重要，"堵"与"疏"并行不悖。正如习近平总书记所要求的，对广大网民，要多一些包容和耐心，对建设性意见要及时吸纳。在新媒体上，主流媒体的微博、微信客户端已经成为主力军，既有强大的影响力，又有强大的引导力。同样，如果能够多包容、多理解、多借力，将不同属性的"媒体小船"纳入传播舰队，借用他们生动活泼的表达、灵活多样的形式，在"说他们想说的"同时"讲我们想讲的"，才能真正实现"看不见的宣传"。唯有清晰界定各类互联网产品附着的媒体属性，正本清源、激浊扬清，才能最大限度地让一切媒介都运行在无损他人、有助公益的框架之内。

即兴评述 5. 2016 年 4 月 1 日下午,淘宝在愚人节这天宣布推出全新购物方式"Buy＋"。"Buy＋"使用 Virtual Reality(虚拟现实)技术,利用计算机图形系统和辅助传感器,生成可交互的三维购物环境。"Buy＋"将突破时间和空间的限制,真正实现各地商场随便逛,各类商品随便试。也就是说,使用"Buy＋",身在广州的家中,戴上 VR 眼镜,进入 VR 版淘宝,可以选择去逛纽约第五大道,也可以选择去英国复古集市。让你身临其境地购物,全世界去买买买。请你谈谈你对 VR 的认识,并对 VR 在传媒行业的未来做出预测。

➤ **参考观点**(来源:"声色盒子"公众号)

虚拟现实并不是这几年才有的新鲜科技。早在 1838 年,英国物理学家查尔斯·惠斯登就发明了世界上第一台立体镜,即通过两面角镜将单个物体反射到人的双眼中,观看者感觉是从三个角度观察图像。这就是早期虚拟现实的雏形。

虚拟现实具有巨大的潜力,人们都期待着 VR 时代的到来。随着科技巨头进军虚拟现实领域的步伐加快,2016 年将有大量的虚拟现实硬件和软件出现。媒体也一直在热炒"2016 年是虚拟现实元年"的说法。

时下,已经有不少通过虚拟现实技术播放的体育节目。2015 年 10 月,NBA 官方宣布,为球迷提供 VR 现场转播服务。除了 NBA,耐克公司为了推广自己的最新球鞋,也放了一段 VR 宣传片,如果你手头上有任何带 VR 功能的显示器设备,配备上它们之后再来观看这段影片,就能够体验巴西球星内马尔在球场上的英姿了。

用虚拟现实直播各种体育赛事目前还处在尝试阶段,如果被更多地推广,对于虚拟现实的发展将起到强有力的助推作用。

2015 年,当 VR 刚刚与影视传媒业相遇,就有人迫不及待地预言影视传媒业将开启"VR＋时代",VR 新闻、VR 纪录片、VR 电影、VR 电视剧、VR 综艺、VR 购物……应有尽有,仿佛你只需戴一个头盔或眼罩,就能进入科幻般的虚拟空间,那里所有的影视内容消费都是沉浸式视觉体验,让你能够以一个旁观者的角色参与和亲历一切。

我们描绘了一幅未来全天候 VR 化生活图景——清晨，看 VR 新闻，直接"进入"新闻现场；开车上班的路上，用 VR 看实时路况；写字楼内，参加老板异地召集的 VR 会议；闲暇时，用 VR 打游戏、看电影、看演出、看球赛，被带入身临其境的虚拟场景中；雾霾天，在 VR 跑步机上奔跑，或穿上 VR 运动鞋徒步，犹如身在蓝天碧野间；吃饭时，戴上 VR 眼罩就能选择最惬意的就餐环境和最丰盛的美味佳肴，而吃进肚里的却是卡路里很低的食物，既不会长胖，又骗了肚里的馋虫；等等，堪称一个颇有中产情调的、纯粹的"VR 日子标本"。

目前，VR 技术与影视传媒业全面对接融合还尚欠火候。究其主要原因，一是 VR 技术还不太成熟，VR 新闻、VR 纪录片等"VR＋"媒介形态还处于探索性试验阶段；二是 VR 要全面"承包"影视传媒业，无疑更需影视传媒业的配合，实际上是让影视传媒业学会 VR 或大量应用 VR 技术、设备等产品，显然双方在很多方面都还没有准备好，并且灾难性新闻、事故新闻的 VR 现场直播已触及新闻伦理和社会伦理问题。从消费体验方式和受众偏好来看，VR 似乎更适合于游戏，也可以成为纪录片、影视剧、综艺节目的一种新样式，但不可能将现有的影视内容制式全都替换为 VR 模式。人类不可能生活在虚拟现实中，人与外界信息环境的关系，更多时候需要保持距离，距离才能产生美，而用肉眼感知现实世界不仅是最美的体验，也是一种爱的方式。我们不可能终日戴着 VR 设备沉浸于虚拟世界，却变成现实世界中的盲人。

即兴评述 6.《咬文嚼字》编辑部发布 2015 年十大流行语。"获得感""互联网＋""颜值""宝宝""创客""脑洞大开""任性""剁手党""网红""主要看气质"入选。《咬文嚼字》执行主编黄安靖介绍，2015 年十大流行语的"网络"特色非常明显，除了"获得感""互联网＋""创客"外，其余都来自网络，或源于网民的创造,或先在网络流行后被社会广泛关注,可见网络对语文生活的影响。说出你知道的年度网络热词,并谈谈你对网络流行语的看法。

➢ **参考观点**(来源:人民网)

网络时代,语文生活空前繁荣。互联网给普通民众提供了一个充分展示语言智慧的平台,使"语言创新、创造"不再是少数社会精英的专利,可以说,互联网让社会进入了"全民造句"时代,绝大多数生动形象、极富表现力的新词、新语、新用法都源自网民的智慧。互联网让人类语言呈现出从未有过的繁荣景象。与此同时,语文传播空前迅疾。在传统媒体时代,新词、新语出现后,是通过报刊等传统媒体辗转传播的,时空上的阻隔是无法避免的。互联网实现了即时交流、传播功能,时空阻隔被彻底打破,新词、新语出现后立马就在全社会传播开来,这是前所未有的。除此之外,语文生态日益复杂。互联网时代是"全媒体"时代,进入门槛很低,网民素质参差不齐,只要有意愿,几乎任何人都可以在网上展现自己的"智慧"。而这些"智慧"不一定都是积极的,其中也有消极的"智慧"。所以,流行语中也充斥了大量不符合汉语结构特点及社会文明规范的消极内容,给语言发展、社会进步都带来了冲击。网络时代的语文生态更加复杂,引导甚至监管显得越来越重要。这需要社会各界的共同努力。

语言学家、《咬文嚼字》创办人郝铭鉴认为,"十大流行语"不仅看流行度,还要看流行语背后的智慧,包括语言的内容和形式。一些违背汉语结构的词汇,或者是内容和形式都没有新意的流行语,经不起时间考验,剩下的就只有语言使用者的任性。在他看来,像"然并卵"这样的流行语的大面积使用,是值得注意的倾向。每年评选年度十大流行语,是要肯定语言的创造力,汉语应在使用中不断得以丰富和发展,而不能被网络流行语"牵着鼻子走"。

(1)"获得感":"获得感"本表示获取某种利益后所产生的满足感。2015年2月27日,习近平总书记在中央全面深化改革领导小组第十次会议上指出,要科学统筹各项改革任务,推出一批能叫得响、立得住、群众认可的硬招实招,把改革方案的含金量充分展示出来,让人民群众有更多"获得感"。"获得感"一词由此迅速流行,且使用范围出现固化趋势,多用以指人民群众共享改革成果的幸福感。

(2)"互联网＋":"互联网＋"就是互联网与社会经济领域各生产要素"相加",即让互联网与传统行业深度融合,重构、再造新的发展业态。符号"＋"既表示加入、融入,更表示升级换代、创新发展。"互联网＋"既是一种新的思维方式,也是一种新的发展模式,更是一种新的经济形态。这一说法最初是由李克强总理提出的。2015年3月5日,李克强总理在政府工作报告中提出要全面制定"互联网＋"行动计划,"互联网＋"便迅速流行开来。2015年7月,国务院发布《关于积极推进"互联网＋"行动的指导意见》,"互联网＋"进一步引起社会广泛关注。2015年,随着经济发展新格局的形成,"互联网＋"成为媒体的高频用词。

(3)"颜值":"颜"意义为面容、容貌,"值"意义为数值。"颜值"本表示男女颜容英俊或靓丽的程度,是用数字评价人物的容貌。如同其他数值一样,"颜值"也有衡量标准,可以测量和比较,所以有"颜值高""颜值爆表""颜值暴跌"的说法。后来"值"的数值意义淡化,在词义上"颜值"就相当于"颜",只表示面容和姿色。2015年,其指称范围进一步扩大,由人及物,物品的外表或外观也可用"颜值"表示。

(4)"宝宝":"宝宝"语出网络潮语"吓死宝宝了"。"宝宝"指"我","吓死宝宝了"就是"吓死我了"。女生受到惊吓时常用此语来卖萌。后来"宝宝"独立单用,只要说话氛围协调,几乎在任何语境中,女生都可用"宝宝"或"本宝宝"来称呼自己,如"乐死宝宝了""笑死宝宝了""本宝宝这厢有礼了""本宝宝拜托了"等等。现在,"宝宝"还可用以指称对方,以表达对对方(不论男女)的亲昵态度。购物网上过去常用"亲"来缩短与客户的心理距离,现在"宝宝"也争得一席之地,且大有抗衡之势。

(5)"创客":"创"指创造,"客"指从事某种活动的人。"创客"本指勇于创新,努力将自己的创意变为现实的人。这个词译自英文单词"Maker",源于美国麻省理工学院微观装配实验室的实验课题。此课题以创新为理念,以客户为中心,以个人设计、个人制造为核心内容,参与实验课题的学生即"创客"。2015年3月5日,李克强总理在政府工作报告中指出,要把"大众创业,万众创新"打造成推动中国经济前行的"双引擎"之一。随后,国家又陆续出台了若干政策措施,给"创业""创新"以具体支持。"创客"于是与"大众创业,万众创新"联系在了一起,特指具有创新理念、自主创业的人。

(6)"脑洞大开":"脑洞大开"由"脑补"衍生而来。"脑补"源自日本动漫,本指观剧者在大脑里通过自己的想象来补充或添加原剧中没有的情节或内容。后来词义扩大,对小说及其他艺术作品甚至现实生活中的情节、情景进行幻想、想象,也称"脑补"。"脑洞"则是大脑中需要用想象力去填充的"洞穴",即进行"脑补"的场所。"洞穴"越大,想象越丰富。"脑洞大开"的意思是指为想象天马行空,联想极其丰富、奇特,甚至到了匪夷所思的地步。2015年2月,网络剧《脑洞大开》播出,"脑洞大开"频频亮相于媒体。

(7)"任性":"任性"本是一个传统词语,意思是"由着自己的性子,不加约束",常用作贬义,如"任性妄为"。江西一位老伯在网上买保健品被骗,接二连三地给骗子寄钱,发觉受骗后,不但不报警,反而继续寄,总共被骗数十万元。老伯最后还语出惊人:"就是想看看他们究竟能骗我多少钱!"有网友调侃:"有钱就是这么任性。"此语迅速传播开来,以致引爆网络,还衍生出各种变体,如"有权就是那么任性""有房就是那么任性""有车就是那么任性"等。随着该词被高频率运用,"任性"原有的词汇色彩逐渐变化,现也可用来表示"天真率性""敢作敢为""勇于担当"等义。

(8)"剁手党":"剁手党",指沉溺于网络购物的人群,以女性居多。也称"剁手族""剁手帮"等。他们穿梭于各大购物网站间,搜寻、比价、秒拍、下单,乐此不疲,往往看似精打细算,实则买回了大量没用的东西,造成时间、精力、金钱的浪费,冷静之后,常常追悔莫及,甚至下了再不理性购物就剁手的狠心,但过不了多久又故态重演。金庸《射雕英雄传》中的九指神丐洪七公,有一次因贪吃误了大事，一发狠剁掉了自己的手指头，但一遇美食仍然把持不住。"剁手"或源于此。

（9）"网红"："网红"即"网络红人"，指被网民追捧而走红的人。"网红"走红的原因很复杂，或因出众的才貌，或因搞怪的行为，或因意外事件，或因网络推手的运作，等等。"网红"是网络时代的产物，其身上投射出的特质，迎合了网络世界的"审美"或"审丑"心理，从而赢得了广大网民的理性或非理性关注。

（10）"主要看气质"："主要看气质"，意思是不要太看重外在形式，内在气质才是决定因素。此语在 2015 年末蹿红，成为一个强势流行语。起因是台湾女歌手王心凌为了配合新专辑的发行，在微博上发布了一张吃汉堡的宣传照。网友纷纷留言评论，其中有人说品位不高，甚至说没文化。一位网友却认为，虽然是一张奇葩照片，但颇有内涵，于是留言："主要看气质。"这则留言立马获得广大网友点赞，被大量转发，火速引爆网络媒体。有人说，在过分追求"颜值"的时代，"主要看气质"的流行有"正能量"意义。

网络流行语的涌现是信息社会开放、自由等特点的表现，信息社会的特点为网络流行语的产生、传播提供了良好的条件。网络流行语的生成与流行既是一种语言现象，也是一种社会现象。网络流行语的生成和发展，反映了现代化发展过程中的社会文化特点。在网络中，一些原本普通的词语又被赋予了新的意义。例如，"灌水"是发无聊帖子的意思；"抛砖、踢一脚"是跟帖的意思；"偶"是我的意思；"9494"是"就是、就是"的意思；"拍砖头"是批评某帖的意思；"路过"是随便看了一下帖子的意思。它们或是被从现代汉语的现有词汇中引申出新的义项，或是创造出的新词、新语。这些流行语的生命力姑且不论，但某种程度上，它们均体现了标新立异的特点，体现了一种先锋意识。这种树异于人的用法，还体现在一些句子中。例如，"鸟大了什么林子都有"，这是对"林子大了，什么鸟都有"的创新用法，意指人的能力和名气如果足够大，就会有好的舞台供他施展自己的才华，这些富有个性的网络流行语不断产生并快速流行和网络环境的特点密不可分。网络环境具有开放性和自由性的特点，这就为不同语言的接触、借用、流行提供了得天独厚的便利条件,而基于这种基础生成的网络流行语,则体现了多元文化、思想彼此接触的特点。

人类对世界的认识是永无止境的,而处于社会中的心理也在不断地发展、变化。在现实社会中,人们已经形成了某种社会心理或诉求,但未找到合适的词汇表达出来,从而形成了矛盾,这也在一定程度上促成了网络流行语的产生。语言往往承载着特定的人生观、价值观、道德观、伦理观。一些网络流行语有益于个体正确的人生观、价值观、道德观、伦理观的形成,但不可否认的是,也有一些网络流行语会带来负面影响。"人不为己,天诛地灭"之类的流行语体现了不良的思想倾向,如果青少年频繁接触这些词语,就有可能在潜移默化中受到其不良影响。再者,严格地说,网络流行语中有不少错别字或语法不通之处。如果不加以正确引导,会严重影响青少年的语言水平。特别是用网络流行语与人交流,虽然形成了个体的话语风格,但时常会造成交际障碍,而且更易形成代沟。希腊有"凡事勿过度"的思想,意指过分的放纵或节制都有损健康发展,只有取其中,才是正当的态度,才有益于人的身心健全。所以,借用过来提醒大家,对网络流行语应保持一个正确而又清醒的认识,这样我们在取其精华的同时,才能保护自己不受其糟粕的影响。

即兴评述 7. 福建发生了一起惨案,因为司机开车时玩手机,将两位年轻母亲和她们两个婴儿撞死,而肇事司机自己正要登记结婚,妻子已经怀孕 4 个月。对于"手机依赖症"你怎么看?

➤ **参考观点**(来源:半月谈网)

开车玩手机、等红绿灯时发信息、过马路时也不忘刷微信……近年来,由玩手机的"低头族"所引发的交通事故日益增多。一项调查显示,两成的接受调查者表示,自己有开车时使用手机的习惯,其中超过 70% 的网友曾经在开车时发过微信或刷过微博,而开车看手机时发生事故的概率是正常驾驶时的 23 倍,开车打电话时发生事故的概率是正常驾驶时的 2.8 倍……凡此种种,问题都出现在使用手机的不良习惯上。

谁都无法否认,手机的"进化"速度,超过了史上任何一种生物。当它从最开始出现时的通信工具变成了集通信、娱乐、交际等为一体的"个人终端",在给我们的工作和生活带来了莫大便利的同时,也暴露出令人不安的一面。在一些悲观者看来,人类已经日益成为自己所发明的工具的奴隶——机奴。随着现代人对手机依赖心理的增加,原来正常的人际关系也正在被"人机关系"所取代。

传播学研究者曾经说,"媒介是人体的延伸",被称为"第五媒体"的手机之于我们,几乎像身上新长出的器官,手机的功能早就超出了单纯的通信意义,变成一个无所不能的终端,一个人体与社会接壤的剖面,成了人们须臾不可离开之物。

"手机依赖症"是一种应该被克服的"社会病"。一个正常的"社会人",不应沉迷于手机等电子产品,而错失和亲人、朋友面对面交流沟通的机会;不应让人与人之间的亲密感,成为"遗失的美好"。毕竟,"人机关系"永远取代不了"人际关系"。

随着信息的日益发达,交流需求的不断增加,手机这样的现代交流工具还会日趋先进,怎样保有我们自身的定力,在能够"武装到牙齿"的现代科技氛围内,真正"以人为本",一如那句熟悉的话——"大隐隐于市",就成了每个人顺应时代的必备本能之一。玩手机而肇事的司机,让人扼腕,更让人警醒。

即兴评述 8. 2016 年"网红"一词继续发酵,你怎样看待"网红"?

➤ **参考观点**(来源:《中国青年报》)

毫无疑问,"网红"是当下最火热的网络流行语之一。从字面意义上看,"网红"是"网络红人"的简称,但是并不是所有的网络红人都是严格意义上的"网红"。比如,娱乐明星、知名企业家、公共知识分子尽管也可能是网络红人,但是他们是通过在将在传统媒体上的影响力转移到网络上而走红。

今天我们所讨论的"网红"现象,指的是以网络作为成名原始渠道的人。可以说,他们颠覆了一切精英文化所确立的秩序,一些"网红"的表现甚至还很庸俗和无聊,但是不得不承认,"网红"是互联网所掀起的社会变革中不容忽视的一支力量。

大眼睛,长头发,锥子脸,经过滤镜或磨皮处理后的肌肤透出一种橡胶般的乳白……这样的照片在网络上走红,往往成为舆论关注的焦点。她们贴出自己的街拍照片,发表穿衣搭配心得,录制化妆视频教程,受到千千万万年轻男女的追捧,成为"网络红人"的中坚力量。围绕这批"网红"核心,还有一批在互联网上插科打诨、各成风格的段子手;此外,还有因在社会事件中一语惊人,或因审美、审丑而意外走红的草根红人,他们构成了这个时代独具风格的网络红人群体。

其实,当我们真正走近"网红"身上美丽与欲望交织的背后,就能够发现,想成为网红中的佼佼者,必将人们的关注转化为财富,将财富转化为生活,而这也从来不是一件简单的事情。他们看似随意的清新照片,背后是无数个姿态摆放、无数张废片、无数次修图。每个网红经营的畅销淘宝店,都是由一天天早出晚归进货、上架、宣传构成的。

在这个信息爆炸的时代,新闻带来的热度转瞬即逝,最终能够在信息流涌动的网络空间维持影响力的,没有从天而降的意外,都是苦心经营的成果。

"网红"为粉丝们提供的,不只是一张美丽的照片,更是一种生活的想象,一种超越平凡与庸常的想象。我们到底应该追求什么样的"网红"呢?值得注意的是,最近有媒体发布了一系列女科学家精心装扮、认真拍摄的肖像照、工作照,一样以微博 7 万余次转发、微信 10 万人次以上阅读获得了潮水般的追捧。"女科学家""女学霸"那种呆板无趣、容貌欠佳的刻板印象被打破,或许比不上演艺明星或者"网红"的外在相貌,但带给人们的是:她们的笑容和她们在实验中得出的数据一样漂亮,她们的身姿和她们推导出的公式一样优美动人。

不同于上一代对偶像的苦难化讲述,这些照片和故事为人们塑造着新的生活想象:用才智与勤奋,可以获得美满幸福、受人尊敬的生活。她们,是这个物质充裕时代真正值得崇拜的偶像。

即兴评述 9. 身患滑膜肉瘤的 21 岁大学生魏则西通过百度搜索到"莆田系"参与承包的医院,后在该院用不靠谱的"生物免疫疗法"进行治疗,说是能留住魏则西生命 20 年。在其家人花尽了 20 多万元费用治疗几个月后,魏则西遗憾离世。试做评论。

➤ **参考观点**(来源:"北窗"公众号)

魏则西事件似乎渐渐沉寂,但医改 30 年和"莆田系"的崛起并不仅仅是奇闻趣谈,而是与每个人的生命都息息相关的话题。

我们自己和亲人们无论是医是患,要获得更多安宁,不只要追究一两个幕后黑手的责任;要做的也不仅仅是获得科普知识,而是对医疗改革制度的思考与不止追问。

第一,为什么此类医院能在中国经营?他们是如何拿到营业执照的?

大背景是医疗资源紧缺、经费紧缺,国家需要民营医院来补充公立医院在服务态度、医疗质量上的不足之处。在新医改之后,国家仍然不断颁布新政策,鼓励更多的社会资本参与医疗、放宽准入条件,并且设定了 2015 年民营医院的诊疗量和病床数量达到总量的 20% 的目标。

姓公姓私,本无善恶优劣。然而,在鼓励民营医院的过程中,对"正规医院"和"行骗医院"没有进行仔细审查和甄别。设立一家民营医院的程序等并不复杂,只要从地方工商部门、卫生部门获得经营许可即可。也正是因为开设医院的门槛太低,导致鱼龙混杂。

第二,为什么公立医院会有科室外包?一些民营医院为什么可以有"公立"的名头?

第一轮市场化的医改让医院自负盈亏,开放科室外包的同时却没有对外包进行资质审查和质量控制。这其中，政策的不健全，医院追逐利益的导向，使得"莆田系"的发展如鱼得水。卫生部管理范围之内的公立医院对外包现象及时叫停，却阻止不了军队、武警医院继续将某些科室外包至今。

第三，像癌症免疫疗法这样未经批准和证实的治疗方式，为什么可以使用？

临床研究和可通用的治疗手段的区别，在于是否被"证实"过。要证实的是，从统计学意义上讲，一是是否对人群有效，二是副作用是否清楚而且可控制。

那么，怎样证实呢？首先在实验室里的动物身上验证，然后在少量人群身上试验，继而在较大规模的人群上实验。所以，一个药品或医疗技术从发明出来到通过验证利用于临床应用上，起码要五年的时间，且试验耗资巨大。试验和治疗的区别在于，接受试验者可以得到免费的治疗，在医生的密切监控和观察下，记录可能产生的效果和问题。而一项成熟的治疗，则需要患者花钱来购买某种已经被证实的疗效。

如细胞免疫疗法，在其他国家还处在临床研究阶段，在我国却已经在三甲医院遍地开花。这种疗法于20世纪90年代起在一些医院被用于临床试验。它曾经在食药监局的管辖范围内，但2005年后食药监局将生物疗法的审批放到卫生部。卫生部自2009年开始将细胞治疗纳入监管体系，但却始终不接受医疗机构的申报。迄今，卫计委也从未批准开展此项临床试验（也就是说，不光这项技术的应用是非法的，就连针对这项技术展开试验这件事也没有经过批准）。监管真空导致了临床试验无法继续进行。但与此相对应的是，不光是莆田系医院和武警医院，甚至某些大学附属肿瘤医院都每年实施几千例细胞免疫疗法临床治疗。这些治疗的背后，是监管部门推诿责任导致的监管真空，存在严重的"法不禁止即可为"的侥幸心理，更是出于巨大的商业利益的驱动。

魏则西事件，网民对百度广告骂声一片，通篇只批百度，却只字未提让这一切形成的深层次原因。但是辨别假医生、辨别假科室，甚至辨别某项技术，百度是否有责任并且有能力承担呢？比如，应该谁来做认证，谁来发布有认证的广告？我们为什么忽略了对卫计委、军队武警医院、药监局职责的探讨？我们认为，应当建立健全医院设立、年审、监管的体系。

通过系统地分析这个事件，应积极呼吁相关方面采取以下行动。

一是军队和武警医院应该清理不正规的科室外包，革除医改历史遗留的毒瘤。

二是相关部门应该重点审查和清理不正规的民营医院，并严控让未经试验的药和治疗手段流向市场。

三是百度等宣传渠道应该在医疗健康领域取消竞价排名，并且应该只接受经卫计委等部门认证的医院做广告。同样地，央视及各地方电视台、电台也都有责任拒绝不当的收入来源。

即兴评述 10. 2016 年上半年网络流行语"友谊的小船说翻就翻"迅速传遍微博和微信朋友圈，你怎样理解"友谊的小船说翻就翻"？"友谊的小船"真的会"说翻就翻"吗？

➤ **参考观点**（来源：人民论坛网）

《友谊的小船说翻就翻》这组漫画的走红，离不开网络自嘲文化勃兴这个文化背景，网民们习惯用戏谑自嘲的方式解构现实、诠释生活。但夸张、无厘头的表达方式只是这个流行语的外壳，真正引起网友情感共鸣的是深层次的现实原因——一方面，我们渴望交到真正的朋友；另一方面，生活中纯真的友谊又十分稀缺。人与人之间要多一些真诚与互助，少一些猜忌与算计，唯其如此，友谊的小船才能长长久久。

"友谊的小船"真的会"说翻就翻"吗？很显然，这种说法缺乏现实合理性。我们认为理由有三。第一，"翻船"漫画只是一个简单的网络宣传方式，纵然是对现实中友谊困境的考量，但毕竟是卡通漫画，与现实生活并不能画等号。第二,如果朋友之间的友谊只是因为一两次的"爽约"就瞬间"翻船",这样的"肤浅之情"不要也罢。而事实上,发生在我们身边的"有福同享、有难同当"的深情厚谊真的不在少数。我们岂能因为一些简单的小事就直接喊出"说翻就翻"这样的"友尽"宣言呢? 第三,看待网言网语不能陷入"围城"思维,要有"旁观者清"的大局眼光,应科学、客观、理性地分析网络现象。正如南京师范大学心理学教授朱强所言:"互联网传播表达本身就是内容传播,有时候跟形式并无关系,所以,不要太当真。"是的,我们不能因为无心之过带来的伤害就影响彼此之间的友谊,更不能以简单的主观臆断来代替最基本的客观事实。我们始终坚信:真金不怕火炼,真情不畏琐事。无论时代如何发展,交流、互信、真情、互帮、互助等友谊的代名词依然是人类生存延续的强大思想武器。或许微时代的部分因素会成为"友谊小船"扬帆航行的"暗礁",但是一艘充满真情、深刻久远的"友谊巨轮"岂能因为一些"暗礁"而一翻了之?

即兴评述 11. 2015 年 3 月 5 日,在十二届全国人大三次会议上,李克强总理在政府工作报告中首次提出"互联网＋"行动计划。请你谈谈"互联网＋"背景下,影视行业应如何发展规划。

➤ **参考观点**(来源:中国经济网)

"互联网＋"概念被写入政府工作报告,上升为国家经济社会发展的重要战略。"互联网＋"和电影产业的融合与碰撞,促进了中国电影的横向整合和纵向重塑。具体来说,一方面,在内容层面上,新兴的数字电影形态,比如微电影、手机电影等,在互联网时代生成了全新的叙事和审美特征,而传统的电影生产仍以内容为王,IP 题材开发、大数据分析等只是辅助手段,助其更契合网生代年轻观众群体的观影口味。另一方面,在电影的整合营销等产业运营层面,"互联网＋"为传统电影业带来了全面革新,比如作为营销手段的电影众筹、网络营销与在线售票、网络多窗口播映、产业链衍生以及跨界平台拓展等。

第一,电影格局:"互联网＋"与中国电影的升级换代。

当下，传统媒体与新兴媒体融合发展，互联网企业与传统电影产业跨界互动，构建出一个具有活跃增长力的互联网电影生态圈。标志性事件莫过于具有强大的流量资源与客户服务能力的三大互联网公司 BAT（百度、阿里巴巴和腾讯的合称）强势进军电影界，通过投资、并购传统电影产业，促进了影视产业格局重构。

另一方面，传统的影视公司也在积极寻求互联网时代的发展之径，它们借力互联网渠道和金融资本，或是开发 IP，延伸游戏、文学等其他文娱产业，将"粉丝经济"效益最大化；或是入股视频网站，拓展在线播放渠道；或是与在线售票平台合作，探索在线发行模式等。

互联网也以迅猛之势渗透电影全产业链，迅速改变着电影的业态和生态。从投资方、生产制作方到发行渠道方和放映院线方，都在运用互联网促发展。电影在其最本源的意义上就是一种科技化或工业化的艺术，科技进步、工业元素及其变化决定了电影艺术的面貌和格局。互联网正在颠覆着我们熟悉的传统电影的一切规则，对电影本体以及电影的生产和制作提出了新的挑战。

夸张一点说，互联网对电影以及电影发展甚至就像是一场革命，就像电影从无声到有声，从黑白到彩色，从 2D 到 3D。在当下，互联网对电影核心内容的表达和审美特征的影响仍不够深入。归根结底，电影产业的本质是文化创意产业，它最根本的还是健康、鲜活的内容生产。而且，BAT 进军电影界，本意并非为了颠覆或者取代传统的电影产业，其目的是抢占大银幕，获取用户，将其线上的垄断优势延伸至线下，谋求跨界经营，将用户消费引向实体经济、电商、游戏等后续产品/业务来营利。对电影产业来说，借助互联网，连接线上线下，结合虚拟网络与传统电影，才是未来的发展方向。

第二，内容产制层面：互联网对数字电影的颠覆及对传统电影的有益补充。

一方面，互联网从根本上改变了新兴的数字电影形态。互联网的普及，带来了一个由高科技、网络、手机移动终端等综合形成的新媒体时代，这个新媒体时代具有不确定性、不可预测性、多变性和复杂性等特征,而移动互联、O2O、大数据、云计算这些词语成了代表新生活方式的术语,跨界、混搭、融合则成为该时代的关键词。

新媒体时代也催生出分布在不同移动终端端口的、具有新网络基因的新网络人群,他们在思维方式、时间感、空间感、目标感等几个维度上都不同于传统的电影观众。近年来"网生代"概念的流行,则说明中国电影的主流观众群体发生了变化,习惯于网络叙事的"80 后"、"90 后"新兴观众成为中国电影的观影主体,新兴电影的叙事语言体系(符号、语言、镜头剪辑等)和审美特征也随之产生变化。

同时,新媒体时代中,UGC(User Generated Content,用户生成内容)概念盛行,网友将自己 DIY 的内容通过互联网平台进行展示或者提供给其他用户,社区网络、视频分享、博客和播客等都是其主要应用形式。在 UGC 模式下,生产者和观众之间的界限越来越模糊,用户也可能成为互联网内容的生产者和供应者。受其影响,新兴的电影生产会根据观众的喜好来调整剧本元素、人物配置、情节设定和结尾走向等,体现出草根性、原创性、互动性等特质,其观影模式也转向即时互动的、游戏化的观影体验等,比如弹幕电影。另外,网络文学、话剧节目、网络视频等文娱产品的受众也越发与影迷群体相重合,这也带来了相应的创作人员的变化,最突出的表现便是新生代跨界导演和跨界电影创作的不断涌现。

另一方面,在传统电影的内容产制方面,互联网只是辅助工具与手段,其核心仍是文化产品的内容生产。

在内容生产各大板块中,电影业的市场化程度及其相应的开放程度都是最高的。加上近年来电影产业旳迅猛发展、电影市场规模的不断扩大以及电影产业链的有效延伸,电影产业蕴藏的商机更加强烈地凸显了出来。而互联网产业经过一系列的整合、重组,也已形成了几个实力相对强大的巨头。为了实现"赢家通吃",他们必然从控制渠道延伸到内容生产,向电影产业的上游迈进。

题材上,具有互联网基因的 IP(知识产权)发展前景看好。在互联网迅猛发展并且将会深刻地改变传统的一切规则的背景下,IP 的崛起也将改变电影的游戏规则。当下中国电影市场并没有形成真正意义上的垄断,仍存在一个新兴市场所具有的包容性和发展空间,IP 的发展空间与发展前景不容小觑。借助于各种强大的资本,新的电影公司、传媒公司可以依托于 IP 项目的深度开发,用新的营销手段和渠道建立起自己的相对优势,避开传统电影公司的老路而另辟蹊径。但与此同时,某些对 IP 内容急功近利的、短平快的粗暴开发,也造成了"资本在狂欢,电影想哭泣"的局面。实现两者的跨界融合和双赢,才是最终目的。

而当下时兴的大数据,即是希望能以网络数据来分析受众需求。电影大数据主要包括内容大数据、渠道大数据、观众大数据。大数据体现出电影生产向"受众中心制"的转变,通过用户数据的调研,实现针对细分市场的分众传播。大数据也贯穿于影视项目评估、内容生产、宣传营销的全流程,比如市场、剧本、班底、制作等。

作为当下被热炒的概念,大数据有其在数据挖掘调研方面的优越性,但它不是解决电影问题的万能神药。通过大数据分析电影配置元素很重要,但如何使用这些元素并与剧情有机融合更为重要。如果运用不好,这个概念可能会成为一个科技理性量化迷思的产物。

实际上,电影最核心的美学问题就是与观众的关系,IP 开发也好,大数据也好,无非是帮助电影更有针对性、更准确地找到自己的目标观众,并形成有效互动。"互联网+"带来了电影生产个性化、需求可定制化的时代。同时,从根本上来说,电影产业的核心是一个以叙事为主的文化创意产业,传统电影的产制仍以传统产业模式为主,互联网对电影"故事"和内容的影响,仍有待深化。互联网资本的力量虽然强大,但仍需要为电影提供好的内容,不能太任性,否则最终也会伤害到自身。

第三,产业运营层面:互联网对中国电影产业链的全面革新。

当下,互联网对传统电影带来最大的变化主要体现在营销、发行、放映及衍生品拓展的产业运营层面,它帮助电影从营销、用户关系、后端的服务和版权等方面进入新的发展阶段。它在为传统电影产业链带来极大补充的同时,也拥有了更大的话语权。

互联网时代,移动客户端带来的多屏体验和观众的社交需求,使电影营销更加重视互联网平台的宣发,如微信、微博、视频网站等都参与到电影营销当中,越来越多的电影营销也转向移动终端(如手机 APP),充分利用用户的碎片化时间。同时,较之传统的营销方式如硬广告投放等,网络营销通过互联网社区和粉丝的力量,扩大整合营销的聚合式影响力,比如乐视"一定三导"的 O2O 营销模式,精准覆盖目标受众,将其对电影的关注度转化为实际的购买力。

作为最具创新和发展潜力的互联网金融模式之一的互联网电影众筹,集融资与宣传营销功能于一体,是电影多层次资本市场的重要组成部分。现在中国电影市场及其票房在很大程度上受到"粉丝经济"的影响和支配,因此众筹电影方兴未艾,但其在当下还不成气候,"雷声大雨点小",多是作为一种营销宣传手段,并未根本性地改革电影的投融资模式。

在线售票与提前预售,既是一种营销方式,也正在改变传统的电影发行模式,并影响到院线的排片选择。据有关数据显示,网络购票所占比例从 2013年的 25％上升到 2014 年的 40％。在线售票网站如格瓦拉、猫眼电影、豆瓣电影、时光网等通过移动终端和 PC 终端在线售票,在大学生和白领中盛行。

如今在线票务网站参与电影预售,已经颠覆了电影产业的传统发行模式,在营销环节中扮演着越来越重要的角色,其竞争力在于价格低廉,支付方式更为便捷,能提前安排观影时间等。较之传统发行,在线发行更节省人力物力,降低发行成本。第三方售票网站也逐渐对院线、影院排片产生了一定影响。但与此同时,第三方之间抢夺客源、低价补贴等多种急功近利的营销策略使得竞争趋于白热化,电商也使整个院线市场的话语权越来越小,削弱了其对银幕排片等方面的控制,也在一定程度上损害了传统影院的卖品销售。

视频网站的在线付费观看和网络多窗口放映也扩展着传统院线之外的发行放映渠道。新媒体平台迅速崛起,电视播映、互联网发行都丰富着电影传播体系,对终端放映市场起到了有益的补充作用。

最重要的是,在互联网的助推下,中国电影产业加速了由单纯的票房依靠型初级模式向构建版权新生态的大电影产业的演进。对于位于世界前列的好莱坞电影来说,电影票房只占其收入的四分之一,其大部分收入都是来自版权经济与衍生产业,比如相关图书、音乐、衍生品等。在网络整合性作用的助力下,基于"多屏全网跨平台",中国电影得以突破单一的盈利模式,围绕内容 IP 开发图书、游戏、网剧、音乐等相关文娱产业,通过网络院线、视频点播实现多窗口销售,继而拓展到电商平台和线下实体,最终形成一整套以品牌内容 IP 为核心的泛娱乐产业链。

即兴评述 12. 你认为应怎样规避网络暴力游戏对青少年的负面影响?

➤ **参考观点**

减少网络暴力游戏对青少年的影响要从多方面努力:第一,除了众所周知的网络游戏登录实名制和对网吧经营时间进行规制外,最重要的就是应建立网络游戏的暴力性评估和分级制度。第二,需制定相关的法律法规,限制游戏中出现过分血腥的场景,减少杀人抢劫等与社会道德体系背道而驰的内容。第三,网络游戏是一个巨大的产业,网络暴力游戏的存在和发展有其必然性,单纯地依靠"堵"是不现实的,最重要的是摒弃其中不健康的因素,通过高品质、积极健康的游戏内容来引导青少年树立正确的游戏娱乐观,引导网络游戏健康发展。

（二）影视媒体

即兴评述 1. 你认为青春片为什么依然这么火?

➤ **参考观点**（来源:《光明日报》）

青春片依然这么火,主要有以下几个原因:

第一，从赵薇的导演处女作《致我们终将逝去的青春》开始，国产青春片逐渐形成一整套成熟的营销模式：前期预热、中期引爆、后期升华。电影发行方用各种方式来对影片进行宣传，尤其经过微博大号的转发，可以让电影迅速成为热门话题，并带动票房一路飙升。

第二，从《致我们终将逝去的青春》开始，将知名青春小说改编成电影已成为热潮。2015 年上映的《万物生长》《左耳》《何以笙箫默》（电影版）等都是如此。影片从立项开始便已具备天然的粉丝群和话题炒作的条件。

第三，导演的名人效应让电影更有号召力。演员、明星纷纷转行成导演已经成了一种流行趋势。在目前票房过亿的国产青春片前十位名单中，由"跨界导演"执导的就有好几部。其中包括作家郭敬明导演的《小时代》系列，此外还有同为作家的韩寒导演的《后会无期》、苏有朋导演的《左耳》以及何炅导演的《栀子花开》，青春片都是他们首次执导时的不二选择。

即兴评述 2. 著名表演艺术家六小龄童 2016 年 1 月 26 日在微博上晒出了自己录制中央电视台春节戏曲联欢晚会时的"美猴王"扮相，"六小龄童节目被毙"话题顿时引爆网络。网友自发为其打抱不平，千万网友更是呼唤六小龄童上春晚。对此你怎么看？

➤ **参考观点一**（来源：《长江日报》）

六小龄童最终能否上春晚姑且不论，网友为六小龄童"缺席"央视春晚而"炸锅"值得说道。"炸锅"足以见证六小龄童粉丝不少，许多人对于经典"美猴王"形象念念不忘。

人们希望六小龄童能上春晚，自然是基于生肖应景需要。六小龄童的"美猴王"扮相可以很好地烘托农历猴年气氛。六小龄童出场能收获非同一般的效果，是因为他的"美猴王"扮相给很多人留下了不可磨灭的印象——就像唱歌，不同年龄层次人们会有各自不同的经典，人们总是难忘自己意气风发年代吟唱的歌曲，乘着歌声的翅膀回到青春年少时候，唤起诸多美好记忆。人们对六小龄童的追捧,归根到底是一种怀旧情感。

假如六小龄童能够如期上春晚自是好事一桩,他必将引爆无数人的滚烫泪腺与温馨回忆;假如他未能登上央视春晚舞台也无妨,他早已登临亿万观众心中的舞台光彩照人。六小龄童之于猴年春晚,终归只是特殊符号或者标签。马年春晚没有请"白龙马"出来遛遛,猪年春晚也没有让"猪八戒"上台挥两耙子,春晚照样为千家万户送去了喜庆欢乐。

春晚是台综艺节目,所有登台演员都须靠表演取胜,六小龄童若登台,绝不只是眨眨眼睛或做出几个人们耳熟能详的标志性动作了事。或许其节目质量不尽如人意,春晚把关割爱何尝不是对观众负责? 如果六小龄童真因节目质量问题止步春晚,大家不仅不应该炸锅,而且要为春晚导演不谋形而重实的节目筛选精神叫好。

都说春晚的导演最难做,其中一难就在众口难调。春晚诚然是一台全民娱乐节目,但也是一台艺术节目,对导演的要求很高。但这种高要求,应该体现在选择之前。选定了,就要尊重他的眼光,给他充分的自主权。

➤ **参考观点二**(来源:东方网)

六小龄童在个人微博上发出一张装扮好的孙悟空造型的照片,整个网络沸腾了,大家都以为六小龄童会亮相央视猴年春晚。而随着这一消息被否认,许多网友大呼遗憾,有些人甚至表达了内心的愤怒,质问央视猴年春晚为何不请大家心目中的"美猴王",直言猴年不请"猴哥"算什么春晚?

虽然有些网友的措辞有失偏激,虽然其中不乏情绪化的表达,但也确实反映了几代观众心中的西游记情结。对于很多观众来说,六小龄童已经和孙悟空之间画上了一个大大的等号。尤其是在猴年到来之际,这位齐天大圣已然成了许多人心目中的一个"文化图腾",承载着无数人的记忆与情怀。而这份浓浓的情感,是所有人都应该予以尊重的。

春晚是全民的除夕夜大餐,理应拿出照顾绝大多数观众共同口味的"菜式"。既然老中青观众都已经表达了自己"点菜"的欲望,央视春晚何不干脆顺应民意呢？在这个高度讲究"互动性"的互联网时代,听听网友们的呼声,采纳他们的可行性建议,不比自己关门造车更靠谱吗？总是抱怨春晚遭遇观众吐槽,多针对他们的口味改良菜式,不就可以少惹一些口水了吗？

正如一些网友所说,六小龄童已经57岁了,倘若再不回归春晚,12年之后的又一个猴年,他还要得动金箍棒吗？这位德艺双馨的老艺术家,以及他所创造的不可替代的孙悟空角色,几乎已经成了不可复制的传奇。给老艺术家一个了却心愿的机会,给全国观众一个再次欣赏美猴王绝技的机会,也给央视春晚自己一个从善如流、响应群众呼声的机会,这不是"三赢"的好事吗？观众不需要"猴哥"真的在春晚舞台上进行多么精彩的演出,只需要他出现在那里,就已经是对无数观众最好的情感慰藉和最大的惊喜,希望春晚可以认真对待无数网民的呼声。希望除夕夜敲响零点钟声之际,六小龄童能够一身齐天大圣的打扮一个筋斗翻出来,大喊一声"俺老孙来也"。相信那个时候,无数观众会瞬间泪崩。若能如此,猴年春晚就赢了,因为赢得了人心,赢得了民意……

即兴评述 3.《太阳的后裔》成为 2016 年热门韩剧,谈谈你对韩剧的看法。

➤ **参考观点**(来源:《文学报》)

在霸道总裁模式陷入瓶颈后,很快地,韩剧第三代男主角出场了。代表人物有《仁显王后的男人》(2012)中的金鹏道(池贤宇饰演),《听见你的声音》(2013)中的朴修夏(李钟硕饰演),《来自星星的你》(2013)中的都敏俊(金秀贤饰演)等。第三代男主角的特点是:在第一代、第二代男主角优点的基础上,加入了"传奇"因素,让男主角更加完美。《仁显王后的男人》《来自星星的你》中的金鹏道和都敏俊都是纯情白马王子,但他们已经不再是现实生活中的人,金鹏道是从 300 年前朝鲜肃宗时代穿越而来,而都敏俊更是了不得,17 世纪初就来到了朝鲜。《听见你的声音》中的朴修夏虽是现实生活中的白马王子,但他却具备不同于常人的神奇禀赋,他能听到别人内心的声音。

男主角的这些神奇特点,一方面有了"陌生化效应",能给观众带来相当的新鲜感,另一方面,也让整个爱情故事具有更多的曲折、悬念以及想象空间。

韩剧风行的一个至关重要的原因在于:编剧们永远在推陈出新。他们创造出一种潮流,并且勇于推翻它,然后又创造、引领新的潮流。

从纯情男到霸道总裁,观众都以为完美男人被写绝了,但编剧们还是有本事"创造"出一种都敏俊式的新的男人(或者也可以称为"物种"),都敏俊热方兴未艾,他们却急流勇退,敢于将男主角的人格设定在"精神病"上。这正是成熟文化工业体系的表现:它不仅迎合需求,也创造着新的需求。

勇于创新是韩流长盛不衰的一个重要原因,不过并不是唯一的原因。

值得注意的是,韩流 20 年,男主角形象经过了几番变迁,并且留下许多令人印象深刻的人物,然而,要说出特征鲜明、令人难忘的女主角,却寥寥无几。20 年了,女主角的形象设置几乎还是停留在"灰姑娘"阶段。她们的共同特点,首先自然是漂亮,这也得益于韩国出神入化的整容术,她们也都长得大同小异。但从人生遭际上来讲,她们还是那样,没有不幸,只有更不幸。或出生于富贵家庭,却被调包到贫困人家;或突然家道中落,富贵公主一下子变成灰姑娘;或出生在一个破碎的家庭,配上一个吸血鬼般的母亲或后母。但她们性格单纯,乐观天真,无论遭受怎样的人生打击,都可以在短时间里"满血复活"。因为生活艰辛,她们常常要同时打几份工,给人送牛奶、发传单、在咖啡厅里当服务……因此顾不上学习,头脑都比较简单。紧接着就是与男主角阴差阳错地遇上、爱上,这时身材高挑、容貌美艳、高学历的"白富美"女二号也隆重登场,但男主角却只倾心于女主角。概言之,白马王子总在更新和升级,但灰姑娘却不见长进。当然,也有相当"高冷"的女主角,比如《来自星星的你》中全智贤扮演的千颂伊,但是相较于都敏俊的绝对完美,千颂伊还是不得不暗淡下去,比如千颂伊会经过一段人生失落期,若没有都敏俊当护花使者,断然是挺不过去的。

为什么男女主角形象设置会有这样的落差?为什么是高富帅配灰姑娘,却鲜有白富美配矮穷挫?要知道,韩剧的绝大多数观众是女性,观众的主流群体是 20 岁左右的年轻单身女性，她们热爱韩剧，一种潜隐的心理是可以在韩剧女主角的身上找到自我的投身。她们对于女主角千篇一律、"不思进取"灰姑娘形象很少表现出不满，也甚少发出异样的声音，正在于电视屏幕前的她们与韩剧女主角一样"普通"。韩剧在某种程度上填补了她们的情感空缺，并给予她们浪漫的、可期待的想象——"我值得更好的人来爱，也会有更好的人来爱我"。这正是韩剧风行背后潜藏的社会心理。

这种等待完美男主角来疼惜与拯救的"灰姑娘"思维，其背后仍旧有浓重的男权意识阴影，因此韩流席卷亚洲，但在女权意识普遍觉醒的欧美却要冷清许多。但女性残留的男权意识，远不是对男性没有任何要求、绝对服从，恰恰相反，是对男性要求更多。她们愿意依赖男性，愿意服从于"三纲五常"，但只对金鹏道和都敏俊这样的完美男人，而对于不那么完美的普通男性，她们的"女权意识"便表现得过犹不及。她们的男女平等是有条件的。这种不健全的女性意识是韩剧风行的另一社会心理。《来自星星的你》热播时，一篇题为《韩剧是女人的 A 片》的文章广为流传。行文指出，韩剧创造了这样一个世界：女人不需要提供什么，就会有一个白马王子对你无条件地付出，这个白马王子满足女性对于男人的一切幻想。韩剧完美男人的设定麻醉了中国女人。它提高了女人对于感情的"阈值"，当她们以韩剧男主角的标准在现实中挑选男友时，将发现身边的男性都面目可憎，无人可以满足要求，这导致了剩女的大量出现。

综上所述，成熟的文化工业体系不仅迎合人们的需求，也创造着新的需求。可矛盾之处在于，这种新的需求很可能是与现实生活脱节的，它呈现的只是一种虚构的甚至是虚假的景象，但它却让你信以为真。当观众试着与屏幕中的人一样去生活和选择的时候，很可能会步步踩空，坠入失望和虚无当中。这是韩剧值得警惕的地方。因此，将韩剧当作一种消遣未尝不可，只是要明白，韩剧中完美男主角常有，但现实中不常有。

即兴评述 4. 国家新闻出版广电总局日前下发通知,将对真人秀节目进行引导调控,原则上不允许再制作播出明星子女参与的真人秀节目。受此影响,《爸爸去哪儿》《爸爸回来了》等明星亲子真人秀将不再制作播出。谈谈你对此事的看法。

➤ **参考观点一**(来源:广州日报)

从《爸爸去哪儿》开始,国内明星亲子真人秀节目数量增多,越来越多的"星二代"在电视屏幕上一夜爆红,拍广告、做代言、出席商业活动……在名利双收的背后,有隐私曝光的尴尬,有被过度消费的苦恼,还有被资本"绑架"的无奈。

自亲子真人秀备受观众宠爱之后,"星二代"似乎一夜之间被集结在了镁光灯中央。在"明星"光环的加持下,这些尚未成年的孩子获得的不仅仅是成名的荣耀,还有成长的烦恼。

探究近年来"星二代"霸屏现象,可以发现,早些年,明星们更加注重对子女的隐私保护,较少在公众面前暴露孩子的信息,但随着明星亲子真人秀节目开创性地在屏幕上展现明星子女的生活状况,极大地满足了观众的好奇心,出现了节目制作跟风现象。

"大多数观众本着对作为父母的明星的窥视心理而收看节目,却无意间被节目中的萌娃所吸引,从而对其产生认同、向往的情感。"节目中的儿童形象成了带有观众情感印记的消费符号,随着"星二代"曝光度的增加,逐渐成为公众"围观"的对象。

面对汹涌而来的社会舆论,"星二代"逐渐了解到怎样才能博得关注,怎样才会赢得掌声,其心理也在这一过程中被逐渐异化。

家长对孩子的培养要根据孩子的特质决定,看孩子是否适合并且喜欢走什么路。如果父母对孩子的期望正好与孩子的特点相符合,对孩子来说就是好事,而如果仅仅是父母单方面的意愿,就可能对孩子的身心不利。"限童令"并非要限制"星二代"的未来发展,也并非要取消孩子成长的平台,而是为了确保孩子拥有正确的价值引导。"限童令"既是对名人子女的保护，也是对电视机前儿童的保护。从长远来看，真人秀节目"限童令"会对综艺节目起到正确的引导及匡扶作用，也为尚未成年的孩子撑起了一把"保护伞"。

冰心有一句很有哲理的话："世界上没有一朵花不美丽，也没有一个孩子不可爱。"之所以这样说，是因为每一个孩子都是独特的。每个孩子从生下来，就有自己的闪光点，就拥有自己独特的地方。父母要做的就是发掘孩子的闪光点，放大他们的优点，引导他们成长，陪伴他们成长。如今在各类亲子节目的诱导下，一些父母陷入了盲从，不管自己的孩子是否适合走明星之路，只一味按照自己的意愿去拔苗助长，去追逐明星梦，完全无视自己孩子的潜质。

我国本来就是一个望子成龙、望女成凤、极度重视子女成功的国家。在这种理念的影响下，早已经暴露出了太多的教育问题，教育主管部门也多次发文，希望家长们减轻子女的负担，不要再做"虎妈""狼爸"。而亲子节目进一步加重了父母育儿的焦虑，让人们更加浮躁的同时，忽略了儿童健康成长的规律。实际上，没有其他哪个国家的父母会带着孩子如此疯狂"走穴"。从这个角度来说，叫停亲子节目是必要的，也是面对疯狂现状的迫不得已。只有如此，孩子们才能健康成长，拥有自己独特的童年，保存住天真烂漫的童心。

> **参考观点二**（来源：《人民日报》）

近年来，因为新闻出版广电总局接连出台"禁令"，涉及真人秀、脱口秀、电视剧、电影等各类大众娱乐节目。如果这些批评指的是广电部门的管理手段失于简单生硬，倒是可以理解；如果指的是广电部门过度行使管理的权力，那就错了。作为广电行业的行政主管部门，新闻出版广电总局有责任对节目导向进行管理和引导，在节目内容出现违反国家法律、与社会主义核心价值观不相符合、不利于构建公序良俗的苗头时加以规范，是合法合理的。只不过在

"下通知""发禁令"之前尚缺少公开讨论和舆论铺垫，每次都给人以突如其来的感觉，从而引发舆论诟病。

这也揭示了我国文化管理中的一些深层次问题。其核心是政府监管与行业发展如何平衡。一方面，由于文化相关立法不足，缺少细则，行政部门的监管总是跟在行业的后面，总是在出了问题以后才采取措施。另一方面，文化产业发展迅猛，创新不断，政府的管理方式难以跟上形势变化，往往采取一禁了之的方法。其结果就是陷入"一放就乱、一管就死"的恶性循环。回顾这几年的"禁令"，这一特点可谓一目了然：胡编乱造的抗日"神剧"泛滥，于是加强抗战题材影视剧的审查；古装剧太多，于是调控古装剧的播出数量；选秀节目遍地开花，于是限制选秀节目的总量；有的电视剧服装过于暴露，于是停播重剪……就本质而言，商业性的娱乐节目是以利润最大化为根本目标的，是否吸引受众眼球是节目制作时考虑的主要因素。而政府必须考虑节目是否符合正确导向。在内容管理缺乏明确标准的情况下，不管是企业还是政府都不知道"红线"究竟在哪儿。企业战战兢兢，生怕"踩雷"；政府疲于奔命，饱受批评。

既然这样，完全把娱乐节目的制作播出交给市场不行吗？就理想状态而言，政府"无为而治"当然是最好的。但实际情况是由商业力量主导的娱乐节目一旦失控，就会对社会产生或大或小的冲击，单纯的商业问题就会变成社会问题，政府就不得不介入了。有的真人秀主打情感纠纷和家庭纠纷，嘉宾竟然在节目中爆粗口、打架；有的真人秀嘉宾宣称"宁肯在宝马车中哭"，公然宣扬拜金主义；有的真人秀以挖掘明星隐私为卖点，宣扬桃色绯闻……虽然与国外相比，我国娱乐节目中存在严重问题的并不多，但商业力量以利润为目标导致的低俗化倾向是客观存在的。

在缺乏外部监督的情况下，以商业力量为主导的娱乐节目会走多远、会对社会主流价值观造成怎样的破坏，我们不妨看看国外的情况。有一个美国真人秀节目专门揭发婚外情，夫妻二人在得知真相后大打出手的场面成了节目火爆的卖点。美国学者吉尼·斯科特在谈到脱口秀节目的低俗倾向时严肃地指出："把个人问题转换成大众娱乐是对我们文化的一种威胁。因为这种趋势破坏着一些基本的价值判断。个人的尊严、良好的趣味和风度、个人隐私在人生中的重要意义，都在这些节目中受到损害。"如果我们放松政府监管责任，类似的局面也可能在中国重演。这是中国国情民意和文化传统难以接受的。既然把影视娱乐业完全交由市场决定是不行的，那么唯一的问题就是如何使政府的监管更加科学有效。

即兴评述 5. 有网友在微博上曝出 2016 年元宵晚会上萨顶顶话筒拿反假唱的视频，成为娱乐热点话题。视频中，远远听上去音色非常好，有种空灵的感觉，但是画面拉近一看，萨顶顶竟然将话筒拿反了。她自己也许注意到了，赶紧换另一只手把话筒转过来，还露出一丝尴尬笑容继续演唱。稍后，萨顶顶在微博中对此事作出回应，表示下次会演得更精细些。

> **参考观点**（来源：新浪新闻中心）

近年来，关于假唱的争论一直没有停止过。赞成者认为，预先录制好节目，演员对口型假唱可以保证节目的质量。更有春晚导演为假唱辩护说："只要是本人的声音就不算假唱。"反对者则认为，假唱公然弄虚作假，蔑视观众情感，是对艺术的亵渎。无论是赞成的声音，还是反对的声音，似乎都有一定道理。

表面上看，假唱似乎没有造成什么直接的危害，甚至保证了演出节目的质量。但往深了追究，影响非常恶劣。早在 2008 年年底，文化部以"部长令"的形式发布《营业性演出管理条例实施细则》，第三十一条规定："营业性演出不得以假唱、假演奏等方式欺骗观众。"该条例还明确了假唱、假演奏的定义："是指演员在演出过程中，使用事先录制好的歌曲、乐曲代替现场演唱、演奏的行为。"萨顶顶公然假唱，显然属于违规行为。

然而，类似的作假行为在社会上或许并不罕见。例如，某些地方官员政绩注水，在 GDP 数据上动手脚；在商业领域，坑蒙拐骗现象不时出现，诈骗信息、诈骗电话层出不穷,山寨货比比皆是;在学术领域,科研造假、论文抄袭并非个别;还有一些无良媒体热衷于炒作,以假新闻博眼球;等等。因此,演艺界假唱,不过是整个社会的一个缩影。

假恶丑大行其道,是对真善美的亵渎,也是对核心价值观的挑战。GDP注水,真抓实干的老实人必然吃亏;科研造假,就没有人信奉板凳要坐十年冷;山寨版盛行,谁还有心情潜心搞创新?既然可以假唱,还有谁会一门心思钻研艺术?

萨顶顶拿反的,其实不是话筒,而是价值观。追求真善美,应当成为艺术创作的底线。包括歌曲在内的各类艺术作品,有缺陷的美,美得真实;人为制造的假唱看似"完美无缺",却让人反感、生厌。因此,艺人应当坚守艺术品位,以真善美抵制假恶丑,传播我们这个时代需要的正能量。各级监管部门也要切实负起监管的职责,对那些三观颠倒、热衷于"剑走偏锋"的艺人,该出手时就出手。

即兴评述 6. 主播王茫茫在直播上台时,意外将高跟鞋踢落了,不过她并没有因此慌张,而是若无其事地、淡定地投入新闻播报中,不过她踢掉鞋子的视频内容观众可是看得清清楚楚,由此引发网友们的热议。对于这件事,你怎么看?

➤ **参考观点**(来源:搜狐公众平台)

伴随着现代社会的进步,人们已经不再满足于格式化录制播放,越来越喜爱直播这一时间、空间一致的播报方式。直播虽然拉近了与观众的距离,但也往往因直播中的"穿帮镜头"成为公众吐槽的对象。比如,直播中照镜子、穿睡裤、打哈欠、吃水果等。但是央视主播王茫茫直播时,意外踢掉高跟鞋后仍淡定主持的"穿帮镜头"却赢得网友一阵掌声,有网友称"要给主播敬业福"。虽然"敬业福"是调侃之语,却将其个人素养、工作能力、职业操守的优良特点淋漓尽致地表现了出来。

对于新闻播报工作,各电视台、广播中心皆有明确规定,其中最严格的要属国字号的中央电视台。口误、吐字不清按字扣钱,穿帮镜头更是主播的

"祸"。显然,此次王茫茫掉鞋主持属直播事故,但也正是突发状况后王茫茫临危不乱、淡定处理的方式,化解了"尴尬",得到各位"看官"的称赞,也从侧面彰显出中央电视台的能力与水平。从这方面看颇有些"因祸得福"的意味。

主播这一职业,除了字正腔圆的发音、与节目性质相吻合的气质外,更重要的是机智灵活的现场反应能力。主播们却往往把主要精力放在前者的训练上,忽视了对现场反应能力的训练。尤其是播报新闻的主播,正襟危坐在直播台后,如果出现突发状况往往以切播广告,靠搭档搭救等"硬"方式处理,不仅让观众觉得突兀,更让人觉得少了些什么。

细细琢磨,原来少的是魅力。我们认为,直播的魅力源于主播,主播的魅力源于应变能力。回过头,或许王茫茫会因为掉鞋事件受到台里批评,但是王茫茫却用自己的淡定化解了掉鞋的尴尬,赢得了观众的尊敬与喜爱,展现了自己的能力。所以,对于"穿帮镜头"我们不应该一棒子打死,看到直播事故就处罚,而是应该根据主播的化解能力、应变能力给出区分。如果化解得当,公众认可,大可大方当作"没事发生"。如果处理不当,慌手慌脚地出现连续错误,再考虑处罚或者调岗。虽然条例在那里,惩罚在那里,可人情、人性更应该填充于条例之中。

即兴评述 7. 2014 年春节期间,华少在温哥华主持一场华人大型演唱会时,问及台下观众是否认识他,观众齐声答曰:"认识!念广告的!"而当他用《中国好声音》中那样的语速念完了该场演出所有赞助商的名字后,观众又掌声雷动地让他再念一遍。这样的遭遇,让"中国好舌头"困惑了。2015 年 2 月,华少发表了一篇题为《主持人还有将来吗?》的长微博,其中写道:"主持人除了报幕和报广告之外,还能做什么? 习惯活在报幕中的主持人,他们的幸福会在哪里?"你对节目主持人的未来发展趋势有何见解呢?

➤ **参考观点**(来源:"媒意见"公众号)

一档电视节目,当前首要考虑的不是来自其他节目的竞争,而是要时刻提防观众被电脑和手机拽走。为了留住打开电视的观众，电视媒体唯一的选择就是保持节目高强度的吸引力，不能让任何环节的信息弱化。为此，电视媒体做出了不懈努力，但从主持人这方面来看，电视媒体最初的选择并不是做减法，而是做加法。最初是增加主持人的数量，一档节目由一个主持人发展到两个、三个主持人，最后到"主持群"。营销理念是：百花齐放，各美其美，总有一款适合您。应该说，主持群通过多人互补确实在一定程度上弥补了我国电视主持人的一些先天不足，比如知识储备不足、社会阅历匮乏、认知能力较弱等等。但与此同时，也带来了一些新的思考。

第一，由增到减：没有主持人也可以？

主持节目并不是拔河，人多不一定效果就好，目前仍屹立荧屏的主持群屈指可数。现实让电视媒体认识到，主持人再多也是主持人，职业的训练与养成让他们很难彻底突破主持人思维。面对被网络培养得口味刁钻、思维不走寻常路的受众，传统媒体培养出的主持人如果只靠字正腔圆和少得可怜的思想与见识实在难以征服人心。于是，电视媒体开始选择增加嘉宾，让不同行业的魅力人士轮番登场，像各大选秀节目中的评委、导师，婚恋、情感节目中的心理专家，等等。经过电视媒体的一番洗礼和观众的大浪淘沙后，各行业精英不负众望，练好了嘴、磨好了腿，再加上多年的专业知识储备和丰富的社会阅历，很多原本只是客串的嘉宾在电视行业站稳了脚跟，成为可以和主持人分庭抗礼的媒体常客。

再后来，电视媒体发现，与其让一个除了长相有区别，其他几乎都一样的主持人站在那里用普通话流利地报幕，还不如让一个歌手（演员）磕磕巴巴念节目单（台词），或是让一个导师（嘉宾）操着不标准的普通话报幕（解说），再或是干脆用字幕直接串联节目效果好。于是，在做了多年加法后，电视媒体选择了减法——"去主持人"。

第二，因无趣而被抛弃？

那么，为什么观众会毫无痛感地舍弃了主持人，宁愿接受磕磕巴巴、发音不标准,有时候甚至用词也很不准确的嘉宾主持,或者选择直接看字幕呢？最直接的原因想来有两点:从语言经济学角度来说,通常人们希望在最短时间内理解最重要的信息,字幕比起主持人毫无新意的播报来说更加直接、经济、高效,所以观众喜欢看字幕;但歌手、导师没有经过专业的语言训练,表达往往不那么准确、流利,和专业主持人相比显然会浪费时间,那为什么观众也接受了呢？这里就涉及经济学中的附加值问题了。虽然非专业嘉宾表面上看是浪费了时间,但他们却在精神层面满足了受众的另一种需求,那就是人们对非常规事件、意外情感的心理期待。因为嘉宾们没有受过专业的语言训练,所以他们的串联难以像专业主持人那样完美、那样循规蹈矩、那样没有意外。他们的主持可能会步步惊心、磕磕绊绊,正是这无法预料的过程带给了受众一种崭新的体验,观众因为无法预知他们接下来的表现,就会一直充满了偶遇惊喜的期待。

第三,网络抢了主持人的饭碗？

当电视视频节目一家独大的时候,受众对主持人的仰慕无以复加,其实这种仰慕更多是由资源独家垄断、闲杂人等不得近前的客观现实造成的。随着视频技术、设备的逐渐普及,寻常百姓也能够经常通过荧屏看到自己的影像,这种仰慕就淡了许多。尤其到了网络技术成熟推广、使用的今天,一根网线、一台电脑或一部手机就可以实现把每个人的影像、言论传播至世界,这时人人都可以在视频中主持节目。于是,各大门户网站开始拍摄自制剧(自制节目),名人或非名人开始在网络上主持节目、发表言论,真是“你方唱罢我登场”。一时间网络视频鱼龙混杂、泥沙俱下,但无论怎样,它使受众在眼花缭乱中脑洞大开,发现主持人和主持节目的方式原来有很多种,发现原来主持人说话可以这么有趣,发现生活中有很多人其实更适合去当主持人,发现以前觉得很不错的主持人言谈其实很空洞,发现一档节目如果没有主持人有可能更好看,等等。

第四,主持人成了最短的一块板。

网络开拓了受众的视野,同时也将传统媒体培养出来的主持人们逼到一隅。受众可以说走就走,但主持人的思维方式、语言表达样态和内在素养却不能说改就改。面对手机、电脑、网络视频的步步紧逼,电视媒体最终选择了做加减法混合运算,原生态、接地气的嘉宾被请了进来,广告商最看重的观众也被最大限度地请到节目现场,当然广告也是万万不能少的,那减去谁呢? 只有舍弃那部分不再具有市场竞争力、可有可无的主持人。

第五,节目的"去主持人化"?

随着时代的发展,受众的需求在不断变化,电视节目的构成要素、节目形式、节目内容发生改变是必然的。电视媒体做出"去主持人化"选择毫无疑问是一种突破,是一种打破传统节目理念的创新思维,是对节目构成重心的一次转移和调整,也必将引发对主持人作用、位置、存在方式甚至称谓的重新定义。

"去主持人化"表面看是节目要素的一个调整,实际上是一个时代社会观念、心理、需求调整和改变的衍生品。人们舍弃了以前不可或缺的要素,并且没有太多的留恋,这说明它已不再是人们看重和珍视的了。一个节目的主持人其实也是一种符号,它代表了中心、万众瞩目、光环、仰视。网络时代是一个个性张扬的时代,人们不再想只听一个人说,而是喜欢大家一起说;不再希望在谁的指挥下关注什么、忽视什么,而是更喜欢自己选择焦点或成为焦点。所以,一档节目,人们需要的不再是一个可以追逐的引领者,而是更纯粹的事实和真相。如果有人能帮助受众更快、更准确地认知世界,那么观众就会欢迎他的存在,如果不能,那么观众更喜欢在无干扰情况下独立、自由地欣赏和思考。

但从目前情况来看,电视节目的"去主持人化"并不都是一种积极的选择,有时更是一种退而求其次的权宜之计。那就是节目性质本身需要主持人这一要素的存在,但媒体觉得现有主持人无法达到节目要求,于是选择舍弃职业主持人,启用嘉宾主持客串替代。其实,如果嘉宾很称职本也无可厚非,跨界主持无论现在还是将来都是一种不可阻挡的趋势。但问题出在一些节目选用嘉宾主持考虑的只是节目的短期卖点,跨界嘉宾磕磕巴巴的主持确实带给了受众一时的新鲜感,但这种新鲜感毕竟不能够持久,更谈不上是美感。当然,一些节目本身也属于短期的,很可能在受众还没有厌倦时就已经幸运地结束了。可媒体的这种选择对主持职业的专业性和主持人都是一种放弃和伤害,一旦媒体长期显示出这种不负责任的态度,那么最终受伤的恐怕还是电视媒体自身。

第六,没主持人还是不行。

抛开那些情境特殊、不适合主持人出现的节目不谈,电视媒体在主持人这里不应该一直做减法。因为电视节目不可能完全"去主持人",一个媒体必须有属于自己的个性声音,而主持人正是传递这种声音的最佳载体。事实上,虽然准备了很多年,但我国的电视媒体并没有真正做好迎接网络时代到来的准备,至少在主持人的培养、塑造方面没有做好。很多原本看似比较出色的主持人在光环退去后也有可能显得存在得不那么合理。"去主持人化"是一种临时应变的极简选择,但并不一定是最佳选择。电视媒体本应未雨绸缪,提前帮助主持人做好职业规划,在思考节目重心调整的同时,也应该考虑到主持人的重新定位与发展,而不是车坏了就直接开船走,完全不管以前只会开车的主持人怎么办。

在新的媒介背景下,随着节目样态的不断更新,传统意义上的主持人概念及定位显然已经无法涵盖现实存在的多种可能性。"去主持人化"现象挑战的绝不仅仅是主持人,它必然引发视频节目、视频媒体乃至整个社会主持人培养体系等更为深刻的变化。

即兴评述 8. 2016 年 5 月 12 日晚 8 时,电影《百鸟朝凤》制片人方励在微博开启直播,聊起该片幕后的各种不易,末了竟下跪磕头,恳求院线经理在接下来的周末为吴天明导演的遗作《百鸟朝凤》增加排片。对于这一现象你怎么看?

➤ **参考观点**(来源:《北京日报》)

2016 年 5 月 6 日,也就是《美国队长 3》以近六成的排片率强势上映的同一天,由中国第四代导演领军人物吴天明执导的《百鸟朝凤》在成片两年后终于登上全国院线。作为中国第四代导演的领军人物,吴天明的电影曾经书写了一个时代的传奇:1983年,他导演的《人生》观影人数超过两亿人次;他导演的《老井》成为中国第一部获得A类国际电影节大奖的作品;他导演的《变脸》获得了近50个国际电影节的大奖⋯⋯作为幕后推手,他为中国影坛培养了张艺谋、陈凯歌、黄建新、周晓文、田壮壮、何平、顾长卫、芦苇等一批蜚声国内外的电影人,被誉为第五代导演的"教父"。

《百鸟朝凤》首映日排片率停留在1.9%上下,票房惨烈到仅收获27.7万元;在中国电影票房单日纪录已刷新到6.6亿元的今天,《百鸟朝凤》总票房才刚过300万元,与某些大片相比,简直微不足道。

影片讲述了老一代唢呐艺人焦三爷(陶泽如饰)是个外冷内热的老人,看起来严肃古板,其实心怀热血。全片表现了在社会变革、民心浮躁的年代里,新老两代唢呐艺人为了信念的坚守所产生的真挚的师徒情、父子情、兄弟情。点映时,黄建新、贾樟柯、徐克挨个站台,首映礼上,谢飞、陈凯歌、管虎纷纷点赞,连远在片场的李安、张艺谋都纷纷通过视频、微博等所有能想到的方式来致敬这部电影。在口碑爆棚与票房惨败的强烈反差对比之下,在艺术审美与商业利益的矛盾冲突之中,方励下跪的举动,激起了众人的呼吁,也引发了大家的思考。

当下,中国电影市场并不那么乐观,充斥着一些无剧情、无演技、无内涵的影片。但悖谬的是,这样的电影反而形成了"质量越烂,票房越高"的吊诡态势。《2015年中国电影产业研究报告》显示,中国电影市场票房的80%来自"80后"和"90后"的电影观众,"00后"的观众群体也渐呈大幅上升的势头,互联网时代的年轻观众群体热衷于大明星、"小鲜肉"、IP改编电影、特效炫技电影等。受众群的定位倒逼影院投其所好,"迎合观众口味获取票房"。

不过,这种局面的产生也不能一味指责观众。虽然每年的电影产出数量众多,但优秀的商业片依然难寻,一旦遇到一部,票房和舆论都会呈现高扬的态势。但问题在于，现在这样的商业片实在是太少了，破解良药在哪里？恐怕还要从文艺片中找答案。相对而言，文艺片代表着我国目前电影市场的较高水准，尤其是在剧情设置和承负的精神价值方面，更值得商业片去学习。

高质量的电影会在无形中培育受众的观影水准，而观影水准的提升又能够使受众对电影市场自发地"驱劣趋优"。回归到《百鸟朝凤》，这是部慢热型的影片，第一批观众都是出于自身对这部影片有着一定的兴趣，如果院线能够耐心一些，让影片迎来第二批增量观众，则这部电影或会有个比较圆满的结局。

方励下跪，其情可以理解，但做法却未必妥当。往浅了说，使力的方向错了，对院线经理来说，制片人的哀求兑现不了完成任务才有的奖金；往深了看，影片里最感人的主题就是"尊严"——吴天明不会下跪，电影里的焦三爷不会下跪，吴天明也不会赞同别人为了自己去下跪。影片中有一句话，或是最好的注解，"唢呐不是吹给别人听的，是吹给自己听的"。这才是吴导对电影艺术的态度。

即兴评述 9.　手撕鬼子、手榴弹打飞机、穿紧身裙跳艳舞……近年来，各种"雷人"镜头接二连三地出现在抗日题材电视剧中，而日前播出的抗战剧《一起打鬼子》更是出现"裤裆掏雷"的情节，被网友吐槽"奇葩无底线"。你看过哪些抗战剧？请对上述现象试做分析。

➤ **参考观点**（来源：《北京青年报》）

（1）案例梳理。

① 滥加低俗"荤腥"。

如《一起打鬼子》《边城汉子》等。在抗战剧中滥加"荤腥"，是低俗文化的潜规则使然。"为迎合低俗需求加入色情、暴力等元素，是影视作品不严肃的表现。收视率不能成为编剧和拍摄的唯一标准。"天津社会科学院社会研究所所长张宝义表示，"有生命力、有价值的影视作品不能以低级趣味吸引观众，而是要以思想价值和真实价值体现取胜。"

② 违背客观规律。

如《永不磨灭的番号》《满山打鬼子》《向着炮火前进》等。其中手撕鬼子、手榴弹打飞机、弹弓神童之类的剧情,显示了部分创作者为博眼球和收视率不顾起码科学逻辑的现象,也凸显了部分抗战剧被过分娱乐化、戏谑化的现象。影评人章杰指出,随意杜撰涉及国运兴衰的历史真实,是对历史和民族的不尊重。"对于过度娱乐化的抗战题材电视剧应予以合理整治,减少哗众取宠成分。"

③ 罔顾历史真实。

如《孤岛飞鹰》《抗日奇侠》等。《孤岛飞鹰》是一部以 1940 年前后为背景的抗战剧,但却被吐槽"装备现代堪比'蝙蝠侠'",剧中频繁出现的突击车形似蝙蝠侠的"蝙蝠车",而 1943 年、1975 年才研发出来的手枪也频频露面。《抗日奇侠》中一名抗日英雄将鬼子撕成两半,铁砂掌、化骨绵掌可轻松对弈数十名日本兵,有网友对此吐槽:"若日军如此不堪一击,抗战何须持续 8 年?"

抗战剧漏洞频出,一方面显示了部分创作者的粗制滥造,另一方面也显示出了对抗战史认识的隔膜。张宝义表示,与历史结合的文学影视创作最应遵守的就是真实性。"抗战剧不可被视为娱乐消遣品,而应强调创作的严肃性、批判性和思考性,承担其传播红色文化和重现历史的文艺职能。"

④ 偶像言情当道。

如《向着炮火前进》《青春烈火》等。目前一些抗战剧引入偶像演员,服装造型也偶像化、时尚化,几集剧中换了十几套衣服,剧情中加入了三角恋、家斗等元素,被吐槽"抗日只是言情生活外的调味剂"。职业编剧韩静表示,抗日偶像剧减轻了抗战剧的历史厚重感,易陷入"胜利掌握在俊男美女手里,打仗靠摆造型就够了"的误区。"抗日剧偶像化是在为拓展观众群和该剧种寻找新出路,但不能只做表面功夫,还要情节过硬,有历史根据,方能站得稳。"

(2)问题的根源。

抗日"雷剧"在中国为什么会频频出现,而且还能愈演愈烈,不断刷新观众的忍受底线？简而言之，因为电视台能播。不管是"手撕鬼子"，还是"裤裆藏雷"，至少观众都是在电视里看到了这些桥段，对于制作单位而言，只要能在目标电视台播出，这部电视剧在投资环节上就是成功的。至于观众喜不喜欢、认不认同，那是另外一件事；至于这些桥段是不是符合历史史实、有没有尊重历史与常识，那都是不重要的事情。

一部中低成本的电视剧，生产周期短则可以压缩在 3 个月之内，包括立项策划、剧本创作、实际拍摄和后期剪辑，只要能迅速卖出并在电视台播出，就能回收成本以及盈利，然后可以再开始下一个项目。而不同电视台针对不同剧作类型的收片价格相对是固定的，不会有太大变化，也就是说，只要制作单位保证能把电视剧卖给电视台，用时越短、成本控制越低，盈利自然就越高。那么，在制作电视剧的流程中，最容易节省时间的环节就是剧本环节！

如果严格按照写作规律创作一部抗日题材的电视剧，理应符合以下条件：熟悉历史，要做大量的案头工作以及实地采风，确定大致的写作主题和框架；在详细研究目标历史阶段后构思故事，故事既要符合影视文学规律，又要严格遵循历史依据，历史依据包涵广泛，大到战争再现、军队番号与编制、各种武器装备与设施，小到服饰特征、餐饮习惯、语言特点等，这些都不可能凭空瞎编，需要下足功夫苦心研究；将故事细化成剧本大纲，着力塑造主要人物与次要人物，一般抗日题材的剧作都会是群戏，会涉及大量的人物塑造和关系构建；正式写作剧本，划分段落、梳理节奏、精练对白，反复调整和修改后才能最后成稿。

这样整个写作流程下来，即便是最有才华的编剧或编剧团队，耗费的时间与心血都是难以估量的，绝非数月之功就能达到。但如果制作单位已经与合作电视台达成某种默契而特意"赶工期"，以上创作规律往往会被抛至脑后，置之不理，大致拉个漏洞百出的故事线，找些编剧或者"枪手"，夜以继日，用粗糙不堪的桥段和台词将剧本填满，就可以开拍了——甚至开拍时剧本还在，边拍边改或者边拍边写，或者干脆让演员临场即兴发挥。这样的创作过程，时间是省下了,成本也省下了,剧作质量自然也就完全降低了——完全丧失了底线和分寸。这和"豆腐渣"工程在本质上没有区别。

而"豆腐渣"不仅会体现在剧本创作中,拍摄与后期阶段照样如此,一场用心精良的戏,不管发生在哪个年代,基本的技术指标都是一致的——故事精彩、台词严谨、表演生动到位、服装舞美道具既遵循史实又符合审美……但任何一分精彩的背后都需要投入足够的时间与成本,优秀的影视剧作品每一帧画面都能拿来做海报,而糟糕的影视剧产品从头到尾都散发着廉价和粗糙的味道。

所以,回到主题上来,为什么抗日"雷剧"屡见不鲜,根子在于整个电视剧的制播生态并没有将剧作本身的质量放在第一位来考量,更没有将尊重历史、再现历史、致敬历史放在一个合理的位置上来看待。发生在 70 年前的中华儿女抗击侵略的悲壮历史,竟然成了任人随意涂抹的素材底料,肆意篡改、瞎编乱造,这既是贪婪追逐利益下的荒唐闹剧,更是愧对那段历史、愧对创作本身的沉重悲剧。

丑化历史、不尊重历史,真正伤害的不是过去,而是现在和未来。

即兴评述 10. 你知道"葛优躺"吗?出自哪里?

> **参考观点**

"葛优躺"的形象出自演员葛优在 1993 年情景喜剧《我爱我家》第 18 集里饰演的"二混子"季春生在贾家蹭吃蹭喝时的剧照姿态。人们纷纷在微博、微信朋友圈转发并晒出属于各自的"葛优躺",自嘲调侃自己的"颓废"现状,暗含自己在快节奏的工作状态下对"葛优躺"的"羡慕嫉妒恨",提醒自己需要放慢生活的节奏,减小压力。一张 20 多年前的瘫躺剧照,在没有任何宣传、营销、炒作的情况下,短短几个月时间里火爆互联网,这与《我爱我家》这座"中国电视情景喜剧的里程碑"深入人心密不可分。该剧提取生活中的笑话故事,运用幽默的语言艺术,瞄准了下层市民真实的邻里日常,展现了人民群众喜闻乐见的美好生活现状,透过对美和善的褒扬,对丑和恶的摈弃,表现了人民群众与时俱进、求真务实的精神。

即兴评述 11. 怎样看待"小鲜肉"席卷中国电视荧屏?

➤ **参考观点**(来源:深圳新闻网)

"小鲜肉"是当今娱乐文化工业界、时尚界一个流行的文化话题。冯小刚说,"小鲜肉",是上了岁数的女人对年轻男性的戏谑,这的确反映出了当下女性群体对"小鲜肉"这一男性美走向的一种看法。

商业文化时代,事物不是生产以后才变得流行的,而是为了流行才生产的。这是商业文化的逻辑和本质。由此,我们不难看清"小鲜肉"流行的消费文化,实质上是一直握有其命脉的消费文化充分张扬其权力意愿的结果。所谓"小鲜肉",是按照商业文化的消费需求打造的,商业文化的资本权力,这双无形的手一直在操纵着我们的欲望、情感、审美判断力,乃至社会的价值观念、审美观念和消费时尚——这是这个娱乐时代"小鲜肉"消费文化给我们留下的不能回避的思索。

三、社会时事

(一)时事热评

即兴评述 1. 你如何看待高校"更名潮"?

➤ **参考观点**(来源:《广州日报》)

第一,虽然"专科学校""学院""大学"都属于高等院校,但听上去,"专科学校"似乎不如"学院"高端大气,"学院"似乎不如"大学"上档次——这正是高校"更名潮"的最大推动力,部分高校总是喜欢在学校名称上大做文章,并且乐此不疲。

第二,有些高校改名字只是"换汤不换药"的面子工程,除了听上去似乎"高大上"的校名,并没有带来任何实质性的改变。人们眼见的事实是高校的科研竞争力没有上去,高校的人才培养质量却在不断下滑。高校"更名潮"是高等教育浮躁之风的一个突出表征,在急功近利和好大喜功思维的指引下,注定无法建成一流高校、培养一流人才。

第三,高校办学不能总在名字上做文章。高等教育要追求的不是校名的"高大上",而是教育质量和科研实力的"高大上"。这需要每所高校明确自身定位,摒弃急功近利、华而不实,积极修炼内功、发展内涵。这既是对学生负责任,也是对社会、对国家负责任。

即兴评述2. 高考作弊现象缘何"春风吹又生"?

➤ **参考观点**(来源:《中国纪检监察报》)

出现这一现象主要有以下两个方面的原因:

一方面,现有处罚措施不到位,难以起到震慑作用。江西替考事件不过是冰山一角,水面下未被发现的黑色替考产业链令人担忧。面对黑色替考产业链,现有的处罚措施却并不十分有效。时至今日,我国仍没有出台专门规范考试行为的法律法规。现有的法规对行政管理人员、考务工作人员、监考人员以及考生的处理大都为短期的行政处分,处罚力度普遍偏低,难以对作弊者起到震慑作用。

另一方面,"一考定终身"导致成绩崇拜有增无减。虽说现在高考已经不再是"千军万马过独木桥"的局面,但在"一考定终身"的高考制度面前,高考的重要性仍不容小视。高考成绩不仅是学生,也是教师身上难以摆脱的压力。高考成绩还是政府对教育部门、教育部门对学校、学校对教师、家长对学校进行评价不可或缺的硬指标。

即兴评述 3. 你认为在故宫拍裸照算不算艺术?

➤ **参考观点**(来源:荆楚网)

我认为在故宫拍裸照不算艺术。

第一,所谓人体艺术就是将人体的美以艺术形式表现出来,比如雕像《断臂的维纳斯》《大卫》。人体艺术自文艺复兴时期开始兴起,时至今日依旧是很多艺术家钟爱描绘的题材。随着社会的进步,人们的观念越来越开放,城市雕像里也出现了类似的人体艺术雕像,这些雕像不仅没有遭到人们的唾弃,反而逐渐被更多的人所接受。摄影师让女模特赤身裸体在故宫拍照,其目的也是想创作出更好的作品。摄影师追求艺术创作并没有错,错在追求艺术的方法不恰当。

第二,追求艺术创作的方法不恰当,艺术家的作品也就得不到人们的认可,反而会违背社会的道德规范。摄影师应该明白自己首先是人,就要遵守作为人的道德和行为规范,而不是只关心自己的艺术创作而忽视自己的责任、不顾他人感受。

第三,真正的艺术作品不仅体现的是艺术家高超的艺术手法,而且留给人们的应该是美的享受。这种以牺牲文物为代价进行艺术创作的方法不可取,更算不得是真正的艺术创作。

即兴评述 4. 如何看待某大学校庆形象片抄袭事件?

➤ **参考观点**(来源:《凤凰网评论部》)

我认为某大学这种抄袭的行为不可取。

第一,校庆宣传片涉嫌抄袭,是一个偶然事件,但它所体现出的高校创新乏力,则具备相当的普遍性。换言之,抄袭事件只是导火索,点燃该事件的是此前普遍存在的不满和焦虑。

第二,创新乏力不仅体现在大学,也是现下我国企业乃至中国参与国际竞争的短板。在更大的背景下看抄袭事件,就具备了寓言色彩,该反思的不仅是一所大学,更应该思考的是如何提升国家创新力。百年前中国落后挨打,国人反思要立足世界之林,首要学习西方的船坚炮利,但后来发现那只是表面,寻求制度变革才是治本之策。现在要打破创新的瓶颈,也不能停留于一个宣传片、一个产品、一个技术的学习,而要追寻创新受阻的制度原因。

即兴评述 5. 评论高三学生在高考前夕集体撕书这种现象。

➤ **参考观点**(来源:光明网)

我认为学校制止和处理学生集体撕书行为十分必要。

学生集体撕书行为,从小处讲,既是一种浪费,又污染了校园环境;从大处讲,书是人类知识延续的载体,是人类思想的航标,可见,撕书是一种文化暴力,与当今的文明社会格格不入。因此,学生集体撕书,首先该反思的是学生。高考不是人生的终点,而是人生新的开始。考生应该以更理性的方式来调节考前或考后情绪。

学生集体撕书,更值得学校和老师反思。虽然学生撕书不理性,但同时也折射出了中国毕业仪式意识的欠缺。国外高中生将毕业视为人生中相当严肃、隆重的一件大事,毕业时,所有的家长都会到学校为孩子庆祝。目前中国尚缺乏这样一种仪式。因此,我们也可以有一个有组织的仪式,让所有的高中生知道自己毕业了,成年了。此外,还可以借鉴国外的做法,让学生将教科书一届一届流传下去,这既是一种节约方式,也是对学习精神的一种传承。

即兴评述 6. 留守儿童的心理问题,究竟责任在谁?

➤ **参考观点**(来源:搜狐公众平台)

我认为,最近几年,我国大量劳动力从农村向城市迁移,是造成留守儿童心理问题和意外伤害悲剧的直接原因。留守儿童一年甚至多年都见不到父母,因为得不到照顾,他们遭遇意外伤害的比率比非留守儿童高,同时,他们存在更多的心理问题,烦躁、孤独、闷闷不乐等负面情绪的概率也高于非留守儿童。爱的教育缺乏与上述悲剧的产生也不无关系。我认为,在中国目前的教育中,最紧要的一点就是要对国民进行爱的普及教育,在各个学校非常有必要增设一门新课程,叫爱的教育,让人们去学习自爱和爱人,学习爱的内容,学习表达爱的艺术,让人格变得丰盈,进而获得家庭的幸福与事业的成功。

即兴评述 7. 中学严管学生私带手机,教师搜出学生 3 部手机后,在众目睽睽之下将其全部摔烂,这件事你是怎么看待的?

> **参考观点**(来源:《武汉晚报》)

这件事可以一分为二来看:

第一,国有国法,校有校规。一方面,学校有管理手机的校规,学生必须遵守。违反规定,就要受到相应的处理。另一方面,教师应该有基本的法律意识和底线,并以解决问题为目的。对于收缴的手机,其所有权没有改变,还是属于学生的私人财物。所以,教师应该妥善保管,或交给家长,或在周末让学生带回去。教师没有对手机的最终处置权,将手机摔烂,不仅方法过激,也未必能达到良好的教育效果。教师摔烂学生手机,应该给予赔偿。

第二,师生之间,是教育与被教育的关系,教师依照校规管理学生,是正常的工作行为,但教师没有权力肆意破坏学生的私人物品。如果破坏了,也绝不会因为双方存在师生关系,而改变"损坏他人财物"这一违法行为的性质。所以,教师摔烂学生手机,应当赔偿。此外,教师这种简单、过激的行为,还会产生示范效应,在学生脑海中留下"粗暴解决问题"的处事态度。

即兴评述 8. 你会在网上转发或是阅读"心灵鸡汤式"文字吗?

> **参考观点**(来源:华龙网)

心灵鸡汤也分为很多种类,我会辩证地来看待那些励志的文字。

表面上看来,很多人觉得,无论如何,"心灵鸡汤式"文字说的结果是好的,带给了人满满的正能量,能鼓励人们继续为自己的目标奋斗。鸡汤文中的主角由于转变看待问题的视角或者耐心等待,往往会有美好的结果,这样的故事给焦虑中的读者指出了一个看似明朗的方向,这无疑能缓解、安抚其紧张的情绪,使其对未来有了一定的安全感。

心灵鸡汤语言温和、柔软、温暖,充满正能量,如果阅读的时候能够正确吸收能量,转变看待问题的视角,对于缓解情绪上的失落、纠结,还是有一定帮助作用的。但是如果仅仅依赖于心灵鸡汤,试图通过阅读几篇文字就可以解决现实困境,那还真是有些困难!如果能够家庭幸福、学业顺利、事业成功,从根本上解决问题,努力提升自己,可能才是走上人生巅峰的唯一道路。

即兴评述 9. 从文物保护的角度谈谈如何保护长城不被破坏。

➤ **参考观点**(来源:新华社)

保护万里长城需要调动全社会的力量参与其中,而民间力量也期待能发挥自己独特的作用。我国拥有长城资源的省、区、市多达 17 个,长城保护不可能全由中央财政支出,更多的还是要依靠地方,但实际情况是,很多地方的文物保护经费严重不足。针对长城保护的最大瓶颈——资金,我们呼吁,应成立"长城保护基金会",向社会募集资金。与此同时,我们也可以设计一些项目,如建立长城"里程碑",由企业、个人认捐,这样长城就和无数的人有了关联,不仅解决了经费问题,同时守护人员不足的现状也将得以缓解。

此外,还可以成立长城文化保护研究会,在长城沿边的每个城堡、每个乡镇、每个村落招募会员,提高他们保护长城、研究长城、爱护长城的文化意识。

即兴评述 10. 北京时间 2015 年 11 月 30 日,湖人球星科比·布莱恩特在球星看台网站上亲笔撰文,透露本赛季将成为他个人职业生涯的最后一个赛季。短短的一行字,却宣称着一个时代的结束,无数球迷的内心在看到这一行字时受到极大的震动。有关科比的退役,你有没有想说的?

➤ **参考观点**(来源:《福建日报》)

科比的时代充满着辉煌:未满 18 岁就开始打美国职业篮球联赛(NBA),出道不久就连续拿到3个总冠军,他拿过单场81分,NBA生涯总得分历史排名第三,拿到过两届奥运金牌。科比的时代也充满着争议:他一出道就被不停与乔丹比较,与奥尼尔从并肩战斗到分道扬镳,球场外性侵犯案件一度沸沸扬扬。

他品尝过登顶NBA的狂欢,也咽下过无缘季后赛的失落。在20年的时光中,他送走了乔丹、马龙、奥拉朱旺,迎来了詹姆斯、杜兰特、库里。他是时代舞台的佼佼者,但他的对手们同样拥有辉煌,与他同时期的邓肯同样手握五冠,诺维茨基、加内特、皮尔斯、雷·阿伦也曾捧起冠军奖杯,他与他们所演绎的,并非是成王败寇,而是百舸争流。

科比的时代,是篮球发展史上不可或缺的一环。他承接了菲尔·杰克逊的"三角进攻",演绎过个人英雄主义的极致,也见证过马刺队精确的团队篮球,碰撞过活塞队的铁血防守,体验过太阳队的快打旋风。并未随行的他曾为美国男篮"梦之队"在雅典奥运会的失利扼腕,四年后他亲赴北京,导演了"梦之队"的辉煌。他在NBA的20年,季后赛首轮赛制改了,总决赛赛制改了,"小将军"约翰逊、史蒂夫·科尔、霍纳塞克们从球员打成教练,执掌联盟30年的大卫·斯特恩也从NBA总裁位置退了下来。

科比的时代,是NBA全球化扩张的时代,全世界追随科比的拥趸数目庞大到连他自己都惊讶,每次来到中国时,球迷们的山呼海啸,都会让他动容。

悠悠20年,也是很多人的青春。太多的人看着他打球长大,对于他们来说,科比是学生时代球场上模仿的对象,是大学宿舍墙上张贴的海报,是饭桌旁留恋不舍的电视,是上课时开小差不停瞄着的文字直播,是暑假里欢呼呐喊的青葱年华。对于他们来说,科比填满了青春路上的所有节点,当时间洗尽铅华、皱纹爬上眼角、记忆只剩下零落的碎片,你会蓦然发现,总有一个身背24号紫金战袍的矫健身影,深深刻在你的脑海中。

科比要离开了,接下来还有加内特,还有诺维茨基,还有邓肯,还有卡特,随着时间慢慢走过,科比和他的时代的所有"英雄"都会渐渐走远。感谢科比,也感谢那个时代,感谢那个时代所有的"英雄"。

"他们陪你长大,你陪他们变老。就算老家伙们奇迹般地聊发少年狂,你却会在不经意间猛然发现,自己已经没有另一个青春来追随他们了。"朋友圈中的"80后"留下一声叹息。

科比,为一个时代画上了一个悲壮的句点。

那是篮球的时代,也是很多人的青春时代。

即兴评述 11. 2016 年 2 月 12 日,有网友发微博称,春节期间在哈尔滨市松北区吃了一顿"鱼宴"被宰上万元,还因斤两和价格问题与饭店方面发生肢体冲突,引发大量网民关注。你了解这个事情吗?请试做即兴评述。

> **参考观点**(来源:《中国青年报》)

长假之后,旅游话题抢占"头条"并不意外,无非黑导游谩骂、游客被宰等,但某个话题的演变却往往出乎大多数人的预料,就拿哈尔滨"天价鱼"事件为例,从一开始游客被宰喊冤,到官方公布第一次调查结果,"商家、游客相拥互道春节快乐",再到游客接受采访称官方调查结果与事实不符,到最终哈尔滨市公布第二次调查结果,认定此事件严重侵害消费者权益,将对责任人依法问责。整个事件一波三折,舆论不断反转,最终证实网民爆料属实,官方第二次回应推翻第一次调查结果。普通网民若未能对事件的整个发展过程有所关注,单看某一环节的某篇新闻报道,很难对事件进行客观理性的评价,难免会对整个事件产生误判。

纵观官方对此事件的处理,初次回应时单凭酒店一方说辞,给出的调查结果有失偏颇,为后期舆情的大暴发埋下祸根。

事件初期,官方及时发现舆情,2 月 14 日借助微博表达对此事件的关切,并于 2 月 15 日公布调查结果,调查结果涵盖价格问题、鳇鱼斤数纠纷问题、实际消费金额问题、民警执法情况四个方面,如果没有后来消费者出面回应,官方的这个调查结果可能就站住了脚,警民一家亲,商家和游客相互谅解,俨然是一幅其乐融融的画面,然而编造的谎言终究还是被消费者的坦言所捅破,官方公信力轰然坍塌。

面对汹涌舆情,官方再次调查结果出炉,问责、停业、罚款等举措一一出炉,沸腾的舆论快速降温。官方事后反思称:"对损害消费者合法权益的行为'零容忍',发现一起严处一起,举报一起追究一起,绝不姑息,绝不护短。对涉事饭店给消费者带来的损害表示歉意,对消费者的中肯批评表示感谢。"这种姿态若出现在初次回应时,对整个事件的良性处理帮助或许更大。

"天价鱼"绝不仅是一条鱼、一家店的事。这条鱼生长的环境,是粗糙、原始、恶劣的旅游生态。在不少人的心目中,旅游产业基本还停留在地导、司机的一锤子买卖上。羊毛出在羊身上,鱼刺终究要卡在消费者的喉咙里,在粗糙的经营模式下,出现"天价鱼"这样的纠纷,难道不是"理所当然"?

每一次天价引来围观,并非天价本身犯了天条,只因现实中有太多这样的无奈,看似不合理却又合规,似是而非,你再怎么觉得这钱付得冤,可只要标价在先,愿打愿挨,即算童叟无欺,有苦也难言,于是借他人遭遇浇自己块垒。哈尔滨天价鱼这回算是"人为刀俎,我为鱼肉",只有任人追问解剖了。可是,即便将天价鱼剥个体无完肤,也消除不了市场上那些暴利的腥味,那些游走在法律与道德边缘的灰色经营,并不会就此消失。因为只要有利可图,就会有人冒天下之大不韪。为了钱,便顾不上那么多了。

此外,在事件的发展中,点评网站被屡次提及,报道中显示"早在2013年年末,该'天价鱼'涉事餐馆就不断收到'被骗去消费''价高质次'的差评",这些差评应该被理解为投诉。这也给旅游监管部门一个警示,在旅游业大发展的未来,点评网站应成为各地重点监测的对象,成为发现潜在舆情的重要平台,做到防患于未然,方能更好地促进本地旅游业发展。

即兴评述 12. 婷婷(化名)到整容医院做双眼皮手术,手术尚未完成人却已经失去了意识,与家人阴阳两隔。该医院称是麻醉出了问题,并对这起事故负全部责任。家属方提供的照片显示,留有长发的婷婷体型偏瘦,面容姣好。婷婷的母亲田女士提起女儿满是爱意:"多阳光多漂亮,我说都美得不得了。"田女士介绍,虽然自己认为婷婷已经很漂亮,但婷婷却不这么认为。她感觉自己眼睛不完美,并在瞒着家人的情况下交了做手术的钱。然而,原本是一场追逐美的旅程,却让她搭上了生命。你怎样看待当下整容热?

➤ **参考观点**(来源:百度文库)

随着社会宽容度的提高,在中国经济与世界经济接轨的进程中,中国人观念上的前进也没有停止脚步,在国内外明星频频传出整容消息后,中国人对整容的态度经历了一个从排斥到接受的过程,越来越多的人表示:明星只要好看,就算整容了也无所谓。这种观念也在潜移默化中由明星转移到自己及身边人的身上。

亚里士多德说过:美貌比任何推荐信都更具说服力。这充分说明了"美貌"这种资源的稀缺性。而英国艺术批评家约翰·伯格一句"男人观看女人,女人观看被观看的自己"则在一定程度上道出了女人对美貌孜孜以求的心理因素。

整容自然是为了美貌,而人在获得美貌的同时,心灵上也能获得快乐。所以,整容不仅能使人在生理和外貌上获得改变,也能使人在精神上获得自信与快乐。另外,在一定程度上,整容手术还能使社会相对公平,使人们不会再因为"以貌取人"而得不到平等的权利。

当然,整容也一直是个争议不断的话题。中国有古训:身体发肤,受之父母,不敢毁伤,孝之始也。在中国人的传统观念里,随意损伤或是改变自己的身体外貌是有违伦理道德的。而且,当下虽然整容行业飞速发展,但是其行业的规范性和安全性仍有待提高。在商业化的驱动下,许多医疗单位或是个人因追求个人利益而丧失了职业道德,导致当今整容行业良莠不齐,欺诈消费者的现象相当普遍。

爱美之心人皆有之,没有人能够去干涉这种整容风潮,原则上不予反对,但我们应该抱着健康的心态来看待。

作为学生,自身的素质和能力无疑是最重要的,对于美容、整容不能过分倚重。对于将容貌视为求职的唯一途径,事实上是一种"病态"想法,不值得鼓励。我们在追求美的同时,还应充分考虑家庭条件,并了解清楚相关事宜,尤其在整容方面,一定要慎重考虑再做决定。整容失败的案例也有不少,不少本身就已青春靓丽的女生其实不建议去进行整容,毕竟存在风险。

整容业的兴起顺应了人类对于美的追求,是社会发展的必然产物,我们无法阻止其发生,但可以探求最佳的途径来促使其健康发展。对于医疗单位而言,要做到保障患者的知情权,在实施任何具有危险性或不可挽回性的手术前,必须告知患者并征求其意愿,不能因为利益而隐瞒信息或者误导消费者。诚信也是另一重要原则,如今在许多美容院,常常会用虚假广告来误导消费者。所以,对于政府及有关部门而言,应做好对此行业的督促和监督工作,并且可在必要时加大惩罚力度。而对于消费者自身,应理性对待整容,亚里士多德说过:"人是理性的动物,人之所以不同于一般动物,是因为其更有理性。"对待整容,我们不能盲目跟风,应三思而后行,并且考虑自身的经济能力,不要因为追求美丽而倾家荡产甚至丧失生命。

(二)2016 年两会

两会是关系国计民生的大事,关于两会的一些热点问题值得考生关注。下面我们罗列了两会的一些重要主题以供大家参考。

1. 有关"坚持勤勉履职,提高执行力和公信力"主题

政府工作人员要恪尽职守、夙夜在公,主动作为、善谋勇为。深入践行"三严三实",增强政治意识、大局意识、核心意识、看齐意识,加强作风和能力建设,打造高素质专业化的公务员队伍。健全并严格执行工作责任制,确保各项政策和任务不折不扣落到实处。健全督查问责机制,坚决整肃慵政懒政怠政行为,决不允许占着位子不干事。健全激励机制和容错纠错机制,给改革创新

者撑腰鼓劲,让广大干部愿干事、敢干事、能干成事。中国改革开放 30 多年的辉煌成就,就是广大干部群众干出来的。

2. 有关"以敬民之心,行简政之道"主题

2016 年政府工作报告中提出,要推动简政放权、放管结合、优化服务改革向纵深发展。以敬民之心,行简政之道,切实转变政府职能、提高效能。继续大力削减行政审批事项,注重解决放权不同步、不协调、不到位问题,对下放的审批事项,要让地方能接得住、管得好。

3. 有关"建设美丽中国"主题

2016 年政府工作报告中提出,要推动形成绿色生产生活方式,加快改善生态环境。坚持在发展中保护、在保护中发展,持续推进生态文明建设。深入实施大气、水、土壤污染防治行动计划,加强生态保护和修复。今后五年,单位国内生产总值用水量、能耗、二氧化碳排放量分别下降 23%、15%、18%,森林覆盖率达到 23.04%,能源资源开发利用效率大幅提高,生态环境质量总体改善。特别是治理大气雾霾取得明显进展,地级及以上城市空气质量优良天数比率超过 80%。我们要持之以恒,建设天蓝、地绿、水清的美丽中国。

4. 有关"科技创新"主题

2016 年政府工作报告中提出,深化科技管理体制改革,营造敢为人先、宽容失败的良好氛围。扩大高校和科研院所自主权,砍掉科研管理中的繁文缛节。实施支持科技成果转移转化的政策措施,完善股权期权税收优惠政策和分红奖励办法,鼓励科研人员创业创新。大力弘扬创新文化,厚植创新沃土,营造敢为人先、宽容失败的良好氛围,充分激发企业家精神,调动全社会创业创新积极性,汇聚成推动发展的磅礴力量。

(三)城市建设

城市化发展俨然已经成为当下中国发展的新趋势,考生在备考阶段,可以有意识地积累一些城市化的知识和模板句子。

1. 有关"城市信息化"话题

城市信息化是当今世界发展的大趋势，是推动经济社会变革的重要力量。大力推进信息化，是立足我国现代化建设全局的战略举措，是贯彻落实科学发展观、全面建设小康社会、构建社会主义和谐社会和建设创新型国家的迫切需要和必然选择。党的十八大报告提出了"走中国特色新型工业化、信息化、城镇化、农业现代化道路"的"四化同步"战略，把"信息化水平大幅提升"纳入全面建成小康社会的目标之一，信息化本身已不再只是一种手段，而成为发展的目标和路径。

2. 有关"智慧城市"话题

随着新一代信息技术的深入发展和广泛应用，工业化、信息化、城镇化、农业现代化呈现出融合、互动、协调的"一体化"发展趋势，在推动信息化和工业化深度融合、工业化和城镇化良性互动、城镇化和农业现代化相互协调的进程中，一种全新的城市形态——智慧城市，成为众多发展战略的现实交集和必然产物。智慧城市充分运用物联网、云计算、光网络、移动互联网等通信和信息技术手段，感测、传送、整合和分析城市运行核心系统的各项关键信息，对公众服务、社会管理、产业运作等活动的各种需求做出智能响应，进而构建城市发展的智慧环境，并面向未来构建全新的城市形态。智慧城市顺应时势所需，为城市管理和服务走向智能化、精细化、便捷化，为有效破解城市发展瓶颈，提高城市运行效能，最终为城市带来可观的经济、社会和环境效益提供了宝贵的发展模式。

城市发展首先应该重点解决好城市排水、污水处理、安全供水与防灾问题。目前我国正处于城镇化和工业化的关键阶段，未来 5 年至 10 年可能将是我国水资源使用面临最严峻挑战的时期。应加快部署城市防灾、减灾工程，并使地铁、地下交通隧道、综合管涵工程建设具备防空、排涝、蓄洪、防灾等复合功能。还记得几年前的一场特大暴雨给北京上了沉重的一课，暴雨为我们敲响了警钟,而当我们铺天盖地地宣讲"智慧城市"的同时,城市的排水系统作为智慧城市中一项基本的基础设施建设并没有得到人们太多的重视。随着社会的发展、气候条件的转变,很多城市的排水系统已趋于老旧,不能够负荷现代化城市的重载。一座城市的良心是下水道,排水系统是智慧城市建设中重要的一环,也是一个国家国泰民安的基本保证。当前我国城市急需规划出更为合理的城市排水系统,不断完善针对暴雨及自然灾害方面的应急预案,有效做好对紧急情况或事故灾害及其后果的预知和预备工作。智慧城市促进城市问题解决,无论是城市排水防涝设施建设,还是地下管线建设管理,当属智慧城市建设的范畴和应当优先解决的共性问题之一。地下管线管理是"智慧城市"的基础,智慧城市建设理应为打造"城市的良心"服务,排水系统的完善正逐渐成为政府公共支出的重头戏。据了解,为应对今年的汛期,北京、上海、武汉、南京、哈尔滨等城市,纷纷加大对城市排水系统升级改造的投资力度,开发"智慧水务"躲避泽国威胁,升级城市排水治污已渐成气候,这也是智慧城市建设为民生的落脚点所在。

3. 有关"城市安全"话题

安全生产之难,难在克服承平日久带来的思想麻痹。事故的发生是安全隐患积累的必然结果,任何事故都有一个从产生隐患、酝酿发展再到偶然触发的过程。思想麻痹是最可怕的苗头,制度漏洞、执行不到位是最危险的隐患。越是长期安全、越是好久没事,越要重视对安全细节的严格检查、对安全隐患的及时排除,越需要依靠严格的安全规章制度并一丝不苟地执行。只有时时擦亮眼睛,处处严丝合缝,才能未雨绸缪、防微杜渐,防患于未然。

4. 有关"城市让生活更美好"话题

强调城市是人居住的地方,对中国来说尤其重要。这句话很朴素,甚至看上去像是在重复常识。但看看这片大地上那些容积不断扩大的城,那些一场大雨就能看海的城,出了家门就进了停车场的城,不知道什么时候身边就腾起一朵蘑菇云的城，在它们迅速展开枝蔓之时，"人"被置于何处？人附着在一个叫作城市的怪兽上，它沉睡，便相安，它发怒，便谁都不能幸免。一座工厂建在哪里，一座桥架在何处，一条道路如何拐弯，这不是沙盘上天马行空的演练，也不是计算器上精打细算的数字。它关乎人的幸福，乃至性命。城市让生活更美好，希望这不仅仅是一句口号。

即兴评述不同于书面表达可以字斟句酌，强调语法规范，用词恰当。在考场上既定的时间内，不可能也来不及反复进行思考与修改。它也不同于日常生活中的交流，即兴评述要求在短时间内大量传播高度准确的信息，强调即兴、快速、流畅。从目前广电岗位现状来看，播音员、主持人以及编导、出镜记者更愿意"播音"或"报道"（有稿提示）而懒于"说"，更有甚者惧怕"说"的状况已经存在相当长的时间。但随着科学技术的不断发展与创新，广播电视行业蓬勃发展，新媒体与传统媒体逐渐融合，这就更需要当今媒体人努力提高综合素质，紧跟媒体时代步伐。所以，在广播电视编导、播音与主持艺术等专业的艺考面试中，即兴评述表达能力显得尤为重要，这不仅对于艺术类学生的培养是关键一环，从长远来说，对业界从业人员也是一种必备要求。

第五章

命题小品表演

"小品"在文学上是一种短小精悍的文体。我们现在所讲的小品多指简洁的,在同一时间、空间里,借助简单的道具,用语言和表演表现情节(主要是排除一两个矛盾障碍)的舞台艺术。小品起源于演出前演员的热身活动、艺术院校的课堂练习以及演艺界考查学员艺术素质和基本功的面试项目。小品一般情节结构简单、有趣,语言清晰诙谐,形态灵活自然,能淋漓尽致地表现出各角色的语言特征和性格特点,并能传达出积极健康、乐观向上的生活态度等。

考场上,考生应根据题目设计好自己要表演的情景、行为动作和角色定位等。艺考类专业的考生绝大部分没有接受过专门的小品表演的培养训练,因此,对小品表演的考查使影视编导专业招生面试又无形地增加了一定的难度。

第一节　命题小品表演概要

一、小品表演的测评能力

小品表演主要是对考生的想象力、表现力、感受力进行考查。命题小品的考查一般会安排在才艺展示之后进行,通常为 6—8 人一组,由考官出题,考生进行表演,考官给出题目后考生有 5 分钟左右的时间进行构思。

从以上的特点我们可以看出,小品是对考生综合能力的考查。考查考生在短时间内组织语言的能力、口语表达的能力和临危不惧的心理素质等。与此同时,小品表演强调团队协作,在这个过程中,考官可以通过观察考生的行为表现,从而来判断考生团队协作的能力,是否具备团队意识,是否具有领导、组织能力等。从历年考试的情况来看,有相当一部分考生因这一项内容进行得不理想而影响了专业考试的成绩。因此,小品表演也是需要考生重视的内容。

二、小品表演的基本要求

(一) 立意要鲜明

小品的立意主要是提出问题,这包括主要问题和次要问题,有了主题就确定了小品的中心事件,也就产生了立意,小品表演的立意要鲜明,赞成什么、反对什么,要清晰地表达出思想感情。

(二) 结构要相对完整

小品虽"小",但具有开端、发展、结束的相对完整性,需要遵循"三一律"的特征,即故事在同一时间、同一地点并永远围绕着同一中心事件进行,且具有一定的矛盾冲突性。

(三) 规定情境要明确

规定情境是一种假定,是在演出的创作中所存在的一切假设,由苏联著名影视表演理论家斯坦尼斯拉夫斯基提出。小品的规定情境一定要清楚,要明确发生的时间、地点与人物关系。

(四) 事件推动情节发展

小品的事件就是改变在场所有人行动的事实。人物在完成一个任务时常常会遇到障碍,这个障碍十分明显地改变了人物的动作,而人物又通过改变后的动作克服了这种障碍,达到了目的。事件开始、发展、结束的全过程带来了规定情境的变化,随之,变化的规定情境始终又推动着表演者的动作。

三、小品的基本特点

(一)短小精悍,情节简单

这是小品与其他艺术作品和艺术表现形式最基本的区别。小品的"小",即以小见大,是由其简便易行的艺术特征决定的,戏剧小品之所以广受人们的喜爱,正是由于它的短小精悍。小品的"精",即在于构思的精巧,俗话说,"袖手于前,方能疾书于后",有无精巧的构思,往往在表演之初就已经决定了小品的高下。

(二)幽默风趣,滑稽可笑

小品是"笑"的艺术。好的小品大多有足够的笑料,寓教于乐,让人在笑声中受到启发。"幽默风趣,滑稽可笑"还体现于台词语言上。台词语言是小品塑造人物、表达感情、感染观众的一个有力手段。一般好的小品语言往往从生活出发,精彩、生动,具有人物个性,富于动作性和哲理性,能给人留下深刻的印象。精彩的小品表演不仅需要精心构思,更离不开平时对生活的观察和积累。

(三)雅俗共赏,题材广泛

小品表现的都是一般普通百姓的凡人小事,反映的小题材、小事件源于基层。人情冷暖、世相百态都是小品描写的对象,都可以通过小品这种形式在艺术上得到升华,在舞台上进行演出。

（四）贴近生活，寓意深刻

贴近生活，寓意深刻是小品创作的基本要求之一。只有贴近生活的作品，群众才喜闻乐见，才易于接受。"源于生活，高于生活，适度夸张，事例典型"是小品成功的要领。小品的思想指向和艺术寓意应具有以少胜多，针砭时弊，内含哲理，言有尽而意无穷的特点。无论什么种类的小品表现形式，都要有自己的思想指向和艺术寓意，这是小品的"魂"，如果少了这个"魂"，那么再好看的舞台表现，再强烈的剧场效果，再精练的题材，再高超的表演艺术，也只是稍纵即逝的泡沫和味同嚼蜡的宣传品。

第二节　命题小品表演应试方略

一、命题小品考试中常见问题

1. 未准确理解命题

在构思的时候，一定要紧扣题目。情境发生在"商场门口"，就不能演成"公园一角"；如果是"车站送行"，就不能演成"车站迎接"。同时，表演中也要尽可能地发挥想象，不要仅简单地表现生活，比如"商场门口"不一定就只有小商小贩，讨价还价，还可以发生其他许多事情，产生各种矛盾，引发各种人物情感关系。

2. 未塑造人物形象

艺考面试时命题小品的构思时间往往都比较短，在仓促的时间内，想构思一个非常完美的故事情节,搭建起顺畅的人物关系的确比较困难。那么,如何能够在集体小品中使自己脱颖而出,最有效的方法就是塑造出一个具有鲜明个性的人物形象。看了几十个甚至更多小品的考官,往往不会记住每个小品是怎样构思的,说的是什么故事,但却常常能在脑海中记住几个具有鲜明特色的人物形象。在这里要提醒考生的是,在以往的考试中,有一部分考生为了突出自己所演的人物形象,常常会选择扮演乞丐或残疾人。这样做的考生往往只是简单地从人物外表出发,进行概念化的模仿,而没有深入挖掘人物的个性特征。其实,只有抓住了每个人物身上最具特色的地方,才能让人物真正鲜活起来。另外,还要提醒考生的是,在人物的个性设计和表现上,把握好分寸也很重要,如果一味夸张和脱离生活实际也是不可取的。

3. 没有矛盾冲突情节

小品的表演过程中,如果缺少了矛盾冲突,那么整个表演就会显得平淡乏味,缺少可看性。因此,在结构小品的时候不要总是顺向思维,把小品做得像本流水账,要善于逆向思维,在顺向的人物情感与人物命运中为人物的行动合理地设置障碍、安排事件,使人物的动作、情感、命运发生改变,从而引起新的矛盾和冲突。表演过程中,要善于做这样的矛盾制造者,因为往往谁的表演能推动事件发展,谁就会成为小品的"主角"。事件发展的方向包括其他考生的表演方向也都会自然地随着自己的表演,向着自己所设计的方向改变。这样做很容易吸引考官的注意,给考官留下深刻印象。

4. 不够短小精练

小品表演考试由于时间所限,构思和情节设置都不宜过于复杂,一般围绕一个规定情境展开一个矛盾冲突即可。表演时要注意节奏,不要东拉西扯,拖拖沓沓,要尽快展开矛盾,尽快发生事件,以事件来推动发展,从而将矛盾点推向高潮。表演时,切忌进行无对象的交流,也不要拖沓太多时间来交代剧情发展与人物关系。

二、命题小品应试解题技巧

1. 表演过程中要有真实感和信念感

我们常说表演讲究真听、真看、真感觉,这里强调的也就是表演过程中的真实感和信念感。它是一切表演的根本,只有考生相信自己的表演是真实的、符合生活逻辑的才算是成功,这点也是考官考查的重点。

2. 用行动代替陈述

通常所说的舞台行动包括演员在舞台上的肢体活动、心理活动以及演员的台词。舞台行动是小品表演的根本,考生也应该通过行动来向考官传达信息。而往往许多考生忽视了行动,一味地用语言去讲述所表现的内容,试图让考官去"听清楚"而不是"看清楚"所表演的内容。所以,考生应该尽量避免出现此类情况,在表演小品时应尽量展开想象,丰富自己的行动。

3. 用行动主动改变事件的发展

在小品的表演过程中,考生应该尽力通过自己的表演推动事件的发展和变化。在小品考试中,往往谁的表演能推动事件的发展,他就会成为小品表演中的"主角",往往他也承担了化解僵局、推动事件发展的作用。事件的发展方向也就自然地随着他的表演向着他所设计的方向改变,同时这也改变了其他考生的表演方向,使整个小品受到他的控制。同时,这样也会格外地吸引考官的目光,从而给考官留下深刻的印象。

4. 在表演过程中要尽快相互适应

短时间的构思很难使小品表演做到十分严密。根据大多数考生的考试经历,往往在表演过程中,会因与最开始的构思不太一致而出现一系列问题。因为小品的表演需要的是每个演员的互相配合,然而此时考生又无法控制其他考生的表演节奏等,所以最好的办法就是学会适应。在其他考生的行动发生变化时,自己必须迎合他的变化并且主动适应节奏。只有这样,考生才能随着事件的发展继续自己的表演,否则很可能在台上不知所措而被迫中断表演。

5. 具备基本的舞台意识和角色意识

虽然考试中的命题小品表演准备时间较短,不要求考生有完美的舞台调度,但是作为一个演员,必须具备基本的舞台意识和角色意识,不能背台表演。无论是小品表演中的主角,还是配角,都要明确自身的定位,用心演绎,呈现出所塑造角色的鲜明特色,哪怕即使是配角,只要表演出特色,也会让考官过目不忘。

第三节　命题小品表演注意事项

一、主题鲜明、寓意深刻

主题鲜明就是要求小品中的事件都围绕一个主题展开,为一个主题服务,要求小品组织者一开始就确定好自己要表现什么,并且执着地走下去,去选取事件、人物、细节进行编排。那么,如何设立一个有深刻寓意的主题就变得很重要。

艺术来源于生活,小品多取材于普通老百姓生活中的一些凡人小事,考生应该深入生活,体验生活,从生活中寻找灵感,主动在生活中发现、挖掘题材,在生活的基础上进行创作,并将生活中的事经"艺术的处理"逼真地搬上舞台。小品构思内容不能瞎编乱造,要从生活的感受感想出发,这是小品具有健康的思想感情的基础。这里考验的是小品组织者的知识、经验和积累。通常生活经历、经验较多的人所想到的作品、所揭示的寓意会比生活单纯的人要深刻很多,因此平时我们应注意观察生活,在生活中要做一个有心人,培养自己细致的观察力,经常去各种场合体验生活,必要时可以用笔记下自己的感受。另外,要注意多阅读、多看影视作品,多学习各种方面的知识,如心理学、社会学、哲学等。经过生活中的日积月累,当我们要编排一个小品时,就不会因为没有素材而抓耳挠腮,苦思冥想而不得其要领。

二、寻找生活中的典型事件

有了深刻的主题之后,就要选择那些能很好揭示主题的事件。事件就是能够改变在场人物动作的事实,而现实中发生的任何一件事都可以称为事实。每一个小品都必须有事件,且事件要有开始、发展、结束的全过程。主题与事件有十分密切的关系,主题是通过事件揭示出来的,事件是围绕着主题展开的。在组织小品的过程中,对事件的选择考验着组织者的功力,考生一定要选择典型事件,要选择那些有代表性的、在同一类事件中突出的、比较能说明问题的、更能给人遐想的事件。

三、巧妙安排结构

有了一个深刻的主题,并选择了典型的事件后,就要设立精巧的结构,组织事件的叙述顺序,设计哪些要重点突出、哪些只需蜻蜓点水即可,如此来表达所设计的主题中心,也可以说是选择一个合适的形式来很好地为内容服务。形式要从内容出发并且为内容服务。结构对于小品很重要,结构如同人的骨架,事件、细节这些筋脉血肉是附着在结构之上的,好的结构有利于表达主题,可以吸引观众,同时便于事件的展开。因此,巧设结构也是小品成功的基础条件之一。

小品的结构与影视作品的结构在实质上是一致的,传统的冲突式剧作多采用"开端—发展—结局"三段式结构,许多小品也是这样的结构。值得注意的是,在传统结构流行的时候,观众总会渴望看到新的与众不同的结构,如开放式结尾的结构、时空交错的结构等,采用新颖的结构往往能给考官留下深刻的印象。但采用独特的结构的前提是不影响并且要有利于主题的表达,如可用舞台手段等帮助设计倒叙式、插叙式结构等,设计如何抖一个好的"包袱"很关键,采取倒叙这样的结构要求较高,经常需要巧妙的舞台设计,如转场的设计等。

组织小品一般可以回想自己所经历过的事情,回忆自己以前获得的种种启发、经验、教训等,展开丰富想象,通过对生活中的经历进行整理,从而编出一个故事,再不断丰富、细化,经过反复构思、排练,最终形成成熟的小品。当然,加工组织小品未必都是按照从主题到结构再到事件、细节这样一个顺序,常常是从一个中间步骤、一个有趣的点出发,如从一个有趣的动作、一个事件、一段舞蹈发展开去,增加别的事件、设计别的动作等,最终也能形成完整的小品结构。

四、明确规定的情境

规定情境是角色展开行动的依据和条件,它制约着角色行动的性质、样式和角色的心理活动。其实,一切与人物的行动有关的规定都是规定情境的范畴。表演艺术是行动的艺术,一般来说,行动之前我们是先接受信息,经过思考判断才会发生行为,而这个信息就是规定情境中的一部分,思考判断时是结合全部的规定情境来思考的,行动也是在规定情境中行动的。

行动的三要素是做什么、为什么做和怎么做,这三个要素也都要受到规定情境的制约。人的动作都是以内心为依据的,内心有一条动作线,考生要在内心中对规定情境进行分析,以角色思维逻辑去思考判断,然后依靠意志去发生行动。好的表演会很细腻,有大量精彩而又符合人物身份、性格特征的个性化的细节,而这些都需要从规定情境中去开掘,演员的行动必然要依据规定情境,如在学校大会上或法庭上,表演时就不能大声喧哗,距离很远的朋友挥手打招呼必然会加大挥动的幅度。规定情境越清楚、细致,考生表演时就越知道如何行动,就越能表演出真实而又精彩的动作细节。

第四节　命题小品真题

一、单人小品命题表演

单人表演时,考生首先要把握好给予的情景,设身处地地将自己置于考题所设置的情景之下。应尽量利用肢体语言等形象生动地将所要求的感觉、动作、情景表现出来。考试中考生需在短时间内做出表演,这就要求考生在日常生活中要多注意进行积累和观察,抓住各种情景的特点,将其淋漓尽致地表现出来。在备考阶段可以任找一个情景进行模拟准备。

1. 感觉类命题

• 炎夏时在没有空调的房间里。

• 冬雪时在未生火炉的房间里。

• 干渴。

• 受伤后。

• 闻到一种味道。

2. 地点类命题

• 在火车站候车。

- 在电影院看电影。

- 在急诊室看病。

- 在照相馆拍照。

- 在公园里赏花。

3. 规定情景类命题

- 风雨之夜。

- 校庆团聚。

- 演出之前。

- 家人上夜班去了。

- 奔赴前线。

4. 遇到障碍的动作类命题

- 采集标本。

- 生火做饭。

- 急事过河。

- 走错了门。

- 发票丢了。

- 失去联络。

5. 一般动作类命题

- 护理病婴。

- 雨夜出诊。

- 野外遇蛇。

- 夜半回家。

- 妈妈生日。

- 发现敌情。

6. 道具类命题

- 手机。

- 马灯。

- 一束鲜花。

- 红旗。

二、双人小品命题表演

在双人表演时,考生要特别注意所表演的境界,充分考虑与自己的搭档之间的相互配合,这样才能在面试的过程中相得益彰,共同拿到高分。备考阶段可同学之间两两配对,指定一个情景进行练习,并尽量在教师的指导下进行。要注意人物形象的塑造,力争给考官留下一个深刻的印象。

1. 双人对话式

考题中会给出两句没有逻辑联系的话,要求考生在两句话中加入合理的情节,使这两句话在一个场合中出现,考生需要考虑两个人的身份,在什么具体地点,发生了什么事情。

例1:

A 同学说:"是你?"

B 同学说:"是我。"

例2:

A 同学说:"我告诉你。"

B 同学说:"用不着了。"

例3:

A 同学说:"对不起,我错怪你了。"

B 同学说:"谢谢你的夸奖。"

例4:

A 同学说:"这事用不着你管。"

B 同学说:"别站着说话不腰疼。"

2. 双人多条件综合式

（1）晚上复习功课，自己明天要考试。弟弟睡着了。突然发现一张复习提纲不见了。原来是弟弟用来叠了纸飞机。

（2）送情报到某家，发现这家已经被敌人监视了。掩藏文件，巧布信号，安全脱险。

（3）出远门回家，给奶奶带了很多礼物，发现奶奶已经病故了。

（4）麦田治虫，受药物轻度感染，终于想出办法，把治虫喷药工作做完了。

三、多人小品命题表演

示例：

（1）一家人争一张参加晚会的入场券。考生中有人扮演父亲，有人扮演母亲，有人扮演姐姐，有人扮演弟弟。

（2）一件发生在银行的抢劫案。考生中有人扮演劫匪，有人扮演银行职员，有人扮演储户，有人扮演保安人员。

表演本来就是实践的艺术，是行动的艺术。小品表演的应试准备需要考生注意平时多练习，并反复实践，在练习中找感觉，久而久之会在排练中突然产生灵感，找到好的处理表达方式。可以找观众看自己排练，或找几个同学一起商量创编小品等，这些都是非常好的方法，反复排练可以对小品表演进行不断丰富和细化，许多细节都是在实践排练中自然涌现的，通过反复排练还可以修改和完善小品中不合理的地方，可以帮助考生掌握正确的表演技巧等。许多小品也正是从一个点、一个事件出发，在不断演练中逐渐发展为一个完整的小品。当然，考生如果可以在学校日常活动中多参与这类节目的表演就再好不过了，每一次的锻炼和参与对于考生来说都会受益匪浅，在考场里突然闪现的灵感和想法，往往来自于日常的锻炼和积累。

第六章

CHAPTER SIX

文学作品朗诵

文学作品朗诵通常是艺考面试中的环节之一,考生需要现场朗诵一段文学作品,考官通过该过程会对考生的语言表达能力进行打分评价。因为广播电视编导、导演、播音与主持艺术、表演等专业都需要考生具有较强的语言发音能力,所以本章立足于此对考生做出相应的指导。

笔者根据多年教学及临场监考经验,从所要朗诵文章的选材,如何朗诵以及怎样把握文章的语流变化等方面做了详细的阐述,并且结合散文、古诗词、现代诗歌等大量实例进行了朗诵技巧方面的分析,旨在帮助考生获得理想成绩。

第一节　文学作品朗诵概要

一、文学作品朗诵基本情况

朗诵,是用清晰、响亮的声音,结合各种语言手段来表达作品思想感情的一种语言艺术。对于参加艺考的学生来说,文学作品朗诵主要考查考生对语言词汇的体味表达能力和语言表演才能等,考生不仅要清晰、响亮地背诵作品内容,还要借助适当的眼神、手势等体态语传达作品感情。一般朗诵的时间限制在 3 分钟以内,作品的篇幅 750 字左右。考生可以根据这个要求选择一篇完整的作品,也可以在一篇较长的文章中选取其中内容比较完整的一个高潮片段;选择的作品必须是艺术性较强、立意清楚的优秀的文学作品。

面试考场上,考生作为朗诵者要向考官展现自己的文学素养和文学表演才能,考官据此对考生的口语才能和情感表达效果进行打分。文学作品朗诵对考生的要求较高,它要求考生有优美的声音、端庄的仪态、丰富的表情等,满足这些要求除先天的一些表现因素外,还与考生对作品的选择密切相关,备考时可以选择那些感情充沛而且朗朗上口、节奏感强的文章进行练习。

二、文学作品朗诵注意事项

（一）怎样选好一篇文章

1. 选择的作品必须是艺术性较强、立意清楚的优秀的文学作品

表演创作中"伟大的剧作(作品)提供伟大的角色,伟大的角色促成伟大的演员",作品是朗诵者的载体。因此,要下功夫选择合适的朗诵稿件。不论是散文、小说,还是电影、话剧独白等任何一种体裁,应尽量选择优秀的,具有文学色彩的作品。考生应避免选择那些读起来空洞、晦涩、难懂、平淡、干瘪的稿件,如果稿件本身的艺术性、情感性不高,就很难感染朗诵者,就更难打动考官。艺术性较强的稿件,大都脉络清晰、结构严谨、情感饱满、人物鲜明、语言生动、语句感人,具有较强的吸引力和感染力。朗诵这样的稿件,可以激起朗诵者强烈的创作欲望,会在不断深入理解和感受作品的过程中,完成对稿件较为理想的表达。所以,在选材时,应注意选择艺术性强、情感充沛的作品。

2. 建议考生准备叙事性散文,尽量选择较新的作品

这样做主要是可以避免同别的考生选择重复,考官也会被新鲜的文章内容吸引。这类文章的来源主要是一些杂志,如《读者》《意林》等。相对来说,诗歌比散文等其他文体更能调动考生和考官的感情,所以建议在自己的两篇自备稿件中至少应该有一篇诗歌。

3. 不要选择内容十分深奥的文章

一些寓意深刻、需要很高的思想水平才能够理解的作品不太适合中学生朗读。写作手法比较独特、线索脉络较为复杂的作品往往中学生难以把握，会给稿件的驾驭带来很大的困难。也不一定非得选择名家名篇。耳熟能详的一些名篇，考官对其比较熟悉，考生不准确、不到位的处理很容易暴露出问题来，影响考官对考生的整体印象。选择与自身的水平和能力相符的作品，才利于充分理解内容后调动起思想感情，真正做到有感情朗读。

4. 寓言类作品要慎重选择

寓言类作品语言比较简单，易于掌握，内容比较生动有趣，多采用拟人化的手法，擅长夸张、幽默，具有讽刺风格。然而，朗诵寓言类作品，考生的"幽默感"很难完全展现出来。要想把寓言类作品风趣的语言生动形象甚至夸张地表现出来，考生应从声音、形体到形态方面抓住特点，体现鲜明的形象感。另外，要想揭示出寓意的内涵，考生需有较强的即兴创造能力，以及较强的外部表现力，大胆地进行表达。寓言类作品除了考生比较难掌握和表现外，也不利于考官鉴别考生的真实素质。当然播音与主持艺术专业的考生除外，如果能驾驭寓言类作品朗诵时的嘘声、颤音、拖腔、笑言、泣语等技巧，考生可以尝试挑战，考官从考生的朗诵中可以发现考生较强的情感渲染、表达夸张等艺术能力。

5. 选择自己喜欢的、适合的，并能被深深打动的作品

尽量选择一些考生自己能细致入微地体会到作者的思想感情，能有感而发的作品进行朗诵。合适的作品能体现、展示考生的个性、魅力。所以，考生要从自己的实际出发，选自己能够把握住的作品，如要根据自己的声音条件来选择，如果嗓音比较宽厚，就适合读一些大气、有深度的文章；如果声音偏细偏高，读寓言就再好不过了。无论读哪篇文章，都要表达出真情实感，也只有表达出自己的真情实感，往往才能够感染考官。朗诵稿件的选择一定要"因人而异"，由于每个人的文学修养、生活经历、兴趣爱好、创作个性等方面的不同，对作品的理解和感受也不一样。考场上应遵循"扬长避短"原则，稿件的选择上不要片面地追求内容"深奥"，即使稿件内容本身具备非常好的朗诵条件，也一

定要符合考生的特点气质。

6. 叙述、描写、抒情、议论等内容兼备的作品或者具备两种或两种以上表达手法的作品可以纳入考生的挑选范围

那些故事性强，有相对集中的完整情节的作品也不失为中学生易于把握的选材。诗歌、散文应尽量选择有人物、有情感的叙事诗或叙事散文，如可以选择舒婷的《致橡树》、高尔基的《海燕》、史铁生的散文《秋天的怀念》等。此外，还应尽量选择短小、精悍有一定完整性的作品，如鲁迅的《一件小事》。

（二）怎样朗诵好一篇文章

朗诵作为传情艺术，体现了考生把文字作品传达出精神和艺术美感的再创作能力。朗诵时，必须合理运用朗诵技巧，进行有声语言和形态语言的恰当处理。

1. 基本要求

"以情带声，以声传情，形之于声及于听众"是老一辈播音艺术家提出并遵循的创作之路。朗诵同样也要遵循这条道路。首先，对文章进行感受，确定重点、基调，把握句子和字词的语气，对其所特有的韵律进行认识；然后，确定一个初步的朗诵方案，待试着朗诵之后再做进一步调整。

有了具体感受之后，接下来的就是"形之于声"的工作了。每个人的情感阈限不同，对同一文字作品的感受不同，有的强烈，有的一般。"形之于声"，就是要用恰当的形式表现出来，朗诵之难也就在于此。所以，朗诵的形式美很重要。诗人完成一篇作品之后，总是盼望寻找一位艺术家作为自己诗作的朗读代言人。因为只有拥有了形式美，自己的东西才能更好地为大家所接受、所感动，才有了完美的"包装"。

2. 气息要求

考生在朗诵过程中需注意自己的语言表达一定要符合语法规范和民族使用习惯，从而使听者听得清、听得懂，又要在对朗诵材料充分理解的基础上，从

语调、节奏、抑扬顿挫等方面对语言再现进行个性化的艺术处理。要朗诵好一篇作品，一方面要深刻透彻地把握作品的内容；另一方面，则要合理地运用各种艺术手段，准确地表达出作品的内在含义，两个方面缺一不可。常用的基本表达手段有停顿、重音、语速、语调。

（1）停顿是指语句或词语之间声音上的间歇。停顿的作用，一是出于呼吸换气的自然需要；二是用来表示语句间区分、转折、呼应、递进等各种关系，有助于听众理解文意；三是为了充分表达思想感情。

（2）重音是指朗诵那些在表情达意上起重要作用的字、词或短语时要加以强调的技巧。重音是体现语句目的的重要手段。

（3）语速是指语言节奏的快慢变化，是表达作品思想感情的重要手段。朗诵时，语速应与文章的思想内容相联系。一般说来，热烈、欢快、兴奋、紧张、激昂、愤怒、驳斥、申辩的地方速度要快一些，平静、失望、庄重、悲伤、沉重、追忆的地方速度要慢一些，而一般的叙述、说明、议论则用中速。

（4）语调是指语句声音高低升降的变化。语调主要有四种：升调、降调、平调、曲调。

3. 语音要求

要使自己的朗诵优美动听，必须使用标准的普通话进行朗诵，因为朗诵作品一般都是运用现代汉民族共同语（普通话）写成的，所以，只有用普通话语音朗诵，才能更好地、更准确地表达作品的思想内容；同时，普通话是汉民族共同语，用普通话朗诵，便于不同方言区的人理解、接受。因此，在朗诵之前，首先要咬准字音，掌握语流音变等普通话拼音知识。

4. 表演要求

朗诵具有表演性，适当运用态势语，可加强语势，有助于情感的表达，否则会显得比较呆板。朗诵时运用手势，要少而精，自然、果断、舒展，形体姿态要端庄大方、彬彬有礼、自如洒脱。朗诵者的目光要保持神采，丰富明快的眼神会使朗诵更生动、传神，同时应注意台上台下目光的交流。

第二节　散文朗诵

一、散文朗诵的基调

散文是作者从主观视角来观察世界万物,从中有所感悟,饱含着作者丰富的思想感情和艺术想象的一种文学体裁。朗诵散文时,要注重作品中情感的充分表达,甚至同作者的思想感情融合交织在一起。散文朗诵的基调大多是平缓的,没有太大的起伏,即使是朗诵至作品的高潮处,也不会像演讲那样异峰突起,慷慨激昂。在朗诵散文时,要用中等的速度,柔和的音色,一般用拉长而非加重的方法来处理强调重音。

散文虽然不像诗歌那样有规整的节奏和严格的韵律,但是也讲究节奏和韵律美。散文的局部段落和某些句子也有对称结构。例如,"风,轻悄悄的;草,软绵绵的"。这样的语句可以用相同的语调来朗诵,表现出韵律美。

散文也有不同的类型。有的散文以抒情为主,不写人和事。

例如,朱自清先生在著名散文《春》中描写春天,赞美春天,发出"一年之计在于春"的感想,从而激发了对生活的热爱。文章的基调是热情、愉快的。我们应该用明朗、甜美的声音去朗诵。我们在朗诵这一类型的散文时,完全可以以作者的感受为线索。

朗诵《春》时,一开始是一种殷切期盼的情感,在朗诵"山,朗润起来了;水,涨起来了;太阳的脸,红起来了"时,要把春天越来越临近,人们越来越欣喜的心情读出来。中间的部分,从各个方面描写春天,也表现了作者对春天的热爱。我们可以用减慢速度，降低音量的方法把描写和抒情区别开来。最后的三小节，用娃娃、姑娘、青年来比喻春天，体现了人们对新的一年的憧憬和希望，情绪也随之转向高昂，音量、语速也应随之步步提高。

另外一种类型的散文则稍有不同。这些散文大多穿插着一些人和事。有时，正是这些人和事给了作者启示，由此而产生了感慨。对于这种类型的散文，我们应该把其人其事作为散文的一个组成部分而不是将其作为一个故事来读。考生在朗诵时应根据文章的主题和发展线索，用停顿的长短来显示文章的结构变化及语脉发展，用重音和语调来突出主题，使语脉清晰，聚而不散。

二、散文朗诵要注意的问题

1. 感情要真实

朗诵散文应力求展示作者倾注在作品中的"情感"，充分表现作品中的人格意象。散文是心灵的体现，是真情流露。朗诵时要充分把握不同的主题、结构和风格。例如，茅盾的《白杨礼赞》热情地赞美了白杨树，进而赞美了北方的农民，赞美了我们民族在解放斗争中所不可缺的质朴、坚强以及力求上进的精神。朗诵时要充分把握这种感情基调。

2. 情感表达要有变化

散文语言自由舒展，表达细腻生动，抒情、叙述、描写相辅相成，显得生动、明快，朗诵时对不同语体风格要区别处理。叙述性语言的朗诵要语气舒展，声音明朗轻柔，娓娓动听；描写性语言要生动、形象、自然、贴切；抒情性语言要自然亲切、由衷而发；议论性语言要深沉含蓄、力透纸背。朗诵者应把握文章的语言特点，恰如其分地处理好语气的高低、强弱，节奏的快慢、急缓，力求真切地把作者的"情"抒发出来。

例如，散文《凄美的放手》中，在洪水来袭的紧要关头，在生离死别的一瞬间，一位深爱着丈夫的妻子，毅然选择放弃自己的生命，保全了丈夫和丈夫所在学校的孩子。文章感人肺腑,催人泪下。朗诵时,首先要把洪水来袭时的紧张感、急迫感表现出来;在读到"消失在了湍急的洪流中"时,要充满伤痛和不忍,语速低沉、缓慢;"妈妈曾经怎样地紧握"中,"紧握"二字要读出坚定有力感;"妈妈又是怎样微笑着放手"中,"放手"二字的语调要拉开、放慢,传达出妻子对丈夫、对生命、对生活的依依不舍。

例如,散文《军礼》通过人物的神态、动作、语言表现人物心理活动和思想感情,热情歌颂了红军战士的英雄气概和时时处处关心战友的革命情怀。作品短小精悍,但感情浓烈,撼人心魄。委屈的警卫员、关怀战士的军长、已经牺牲了的无私的军需处长,三个人物形象栩栩如生。朗诵时,开头部分要营造出环境的艰苦与恶劣。警卫员和军长的对话要与当时的语境相吻合;"军长一震"中的"震"、"军长愣住了"的"愣",要着力处理,表明军长对战士的无限关怀和深情怀念。警卫员哭泣的回答,应采用呜咽、断断续续的表达,以期感染听众。最后一句的重音,应落在"永远"二字上,以表达对革命烈士无尽的哀思。

3. 分析散文的结构

散文结构布局多种多样,有横式的,有纵式的;有逐层深入的,有曲折迂回的。散文的结体式样很多,写法多样,但都应做到形散神聚,以一条清晰的线索贯穿全文,统领全篇;或者是自始至终以一种充沛的激情描写感人肺腑的人和事,使全文浑然一体。

袁鹰的散文《井冈翠竹》以毛竹的功绩为线索,围绕这根主线,作者回忆过去,展望未来,热情歌颂了中国人民的革命气节和革命精神,是一篇纵式结构文章;鲁迅的散文《从百草园到三味书屋》则分别描述了百草园和三味书屋,是一篇对比结构的横式散文;魏巍的《谁是最可爱的人》一文,向人展现的是一种激昂的爱国主义、国际主义之情;柯岩的《岚山情思》则是以周总理病重时的一句情深意切的话为主旨进行构思的。

三、散文朗诵案例分析

我们以朱自清先生的《匆匆》为例进行散文朗诵的具体分析。

《匆匆》
朱自清

　　燕子去了，有再来的时候；杨柳枯了，有再青的时候；桃花谢了，有再开的时候。但是，聪明的，你告诉我，我们的日子为什么一去不复返呢？——是有人偷了他们罢：那是谁？又藏在何处呢？是他们自己逃走了罢：现在又到了哪里呢？

　　我不知道他们给了我多少日子；但我的手确乎是渐渐空虚了。在默默里算着，八千多日子已经从我手中溜去；像针尖上一滴水滴在大海里，我的日子滴在时间的流里，没有声音，也没有影子。我不禁头涔涔而泪潸潸了。

　　去的尽管去了，来的尽管来着；去来的中间，又怎样地匆匆呢？早上我起来的时候，小屋里射进两三方斜斜的太阳。太阳他有脚啊，轻轻悄悄地挪移了；我也茫茫然跟着旋转。于是——洗手的时候，日子从水盆里过去；吃饭的时候，日子从饭碗里过去；默默时，便从凝然的双眼前过去。我觉察他去的匆匆了，伸出手遮挽时，他又从遮挽着的手边过去。天黑时，我躺在床上，他便伶伶俐俐地从我身上跨过，从我脚边飞去了。等我睁开眼和太阳再见，这算又溜走了一日。我掩着面叹息。但是新来的日子的影儿又开始在叹息里闪过了。

　　在逃去如飞的日子里，在千门万户的世界里的我能做些什么呢？只有徘徊罢了，只有匆匆罢了；在八千多日的匆匆里，除徘徊外，又剩些什么呢？过去的日子如轻烟，被微风吹散了，如薄雾，被初阳蒸融了；我留着些什么痕迹呢？我何曾留着像游丝样的痕迹呢？我赤裸裸来到这世界，转眼间也将赤裸裸地回去罢？但不能平的，为什么偏要白白走这一遭啊？

　　你聪明的，告诉我，我们的日子为什么一去不复返呢？

　　朱自清的散文《匆匆》写于1922年3月28日。当时是"五四"落潮期，现实不断给作者以失望。但是，诗人在彷徨中并不甘心沉沦，他站在他的"中和主义"立场上执着地追求着。他认为："生活中的各种过程都有它独立的意义和价值——每一刹那有每一刹那的意义与价值！每一刹那在持续的时间里，有它相当的位置。"因此，他要"一步一步踏在泥土上，打下深深的脚印"以求得"段落的满足"。全文在淡淡的哀愁中透出作者心灵不平的低诉，这也反映了"五四"落潮期知识青年的普遍情绪。

　　《匆匆》是朱自清的感兴之作。由眼前的春景，引起自己情绪的俄然激发，并借助想象把它表现出来。朱自清把空灵的时间，抽象的观念，通过现象来表示，而随着个人情绪的线索，去选择、捕捉那鲜明的形象。情绪随着时间从无形到有形，从隐现到明晰的一组不断变化的画面呈现出来。

　　"燕子去了，有再来的时候；杨柳枯了，有再青了的时候；桃花谢了，有再开的时候。"作者几笔勾勒出一个淡淡的画面。作者不在于描绘春景的实感，而在于把读者带入画面，接受一种情绪的感染，透出作者怅然若失的情绪。

　　时间是怎样的"匆匆"呢？作者并没有做抽象的议论，他把自己的感觉，潜在的意识通过形象表现出来。"早上，小屋里射进两三方斜斜的太阳。太阳他有脚啊，轻轻悄悄地挪移了。"太阳被人格化了，他像一位青春少年，迈动着脚步来了，悄悄地从身边走过。接着，用一系列排比句展示了时间飞逝。吃饭、洗手、默思，是人们日常生活的细节，作者却敏锐地看到时间的流过。当他企图挽留时，时间又伶俐地"跨过"，轻盈地"飞去"，悄声地"溜走"，急速地"闪过"了，时间步伐的节奏越来越快。作者用活泼的文字，描写出时间的形象是在不断变化之中的,给人一个活生生的感觉,我们仿佛听到了时间轻俏、活泼的脚步声,也听到了心灵的颤动。

散文诗具有音乐美的素质。散文诗抛弃了一切外在的形式,它的音乐美从作者内在的、情绪的涨落和语言的、节奏的有机统一中自然地流露出来。亨特认为:"虽是散文,有时也显出节奏之充分存在,因而它岔出了它的名义上的类型,而取得了'散文诗'的名义,就是在诗的领域里的一种半节奏的作品。"《匆匆》就是这样的"半节奏的作品"。

《匆匆》表现作者追寻时间踪迹而引起情绪的飞快流动,全篇格调统一在"轻俏"上,节奏疏隐绵运,轻快流利。为谐和情绪的律动,作者运用了一系列排比句:"洗手的时候,日子从水盆里过去;吃饭的时候,日子从饭碗里过去;默默时……"相同的句式成流线型,一缕情思牵动活跃而又恬静的画面迅速展开,使我仿佛看到时间的流动。而且句子大多是短句,显得轻快流畅。句法结构单纯,没有多层次的变化,如一条流动的河连续不断,如一把琴泛着连续的音浪。它的音乐性不是在字音的抑扬顿挫上着力,而是在句的流畅轻快上取胜,作者并没有刻意雕琢,而只是"随随便便写来,老老实实写来",用鲜明生动的口语,把诗情不受拘束地表现出来,语言的节奏和情绪的律动自然吻合,达到匀称和谐。

《匆匆》对叠字的运用也使它的语言具有节奏美。阳光是"斜斜"的,它"轻轻悄悄"地挪移,"我""茫茫然"旋转,时间去得"匆匆",它"伶伶俐俐"跨过……这些叠字的运用,使诗不仅达到视觉的真实性,而且达到听觉的真实性,即一方面状时间流逝之貌,一方面又写出时间迈步之声。同时,作者一方面状客观之事,一方面又达主观之情,现实的音响引起作者情绪的波动,通过语言的音响表现出来,情和景自然地融合在一起。我们还可以看到叠字自然匀称地分布在各句中,以显出它疏隐绵远的节奏来,这恰合了作者幽微情绪的波动。

复沓的运用,也是散文诗维持其音乐特点通常运用的手段。"只有徘徊罢了,只有匆匆罢了;在八千多日的匆匆里,除徘徊外,又剩些什么呢?""徘徊""匆匆"等字眼反复出现,一种幽怨之情反复回荡。"我留着些什么痕迹呢?我何曾留着像游丝样的痕迹呢?"相同的意思通过句子数字的变化,使感情层层推进,在参差中又显出整齐的美。结句的反复,反复强化作品的主旋律,画出感情起伏的波澜。复沓的运用,反复吟咏,起到了一唱三叹的效果。

四、散文朗诵练习

这里给考生提供一篇练习篇目,考生可按照上述例子对文章进行分析。

野马渡

当我在月夜里持一盏渔火,挥手告别那个伫立船头的老船工,像一个浪迹天涯的旅人,背驮沉重的行囊远离你时,为什么你湍急的河流不停地梳理着岸边默默饮泣的水草,而又用一滴晶莹的露珠溅湿那一朵野花的眼睛?

山坳的帐篷里,住着年迈的阿妈。留在草原上的姑娘用一根牧鞭,守护着渐渐长大的羊群,在她的瞩目里,今生我会像一只山鹰骄傲地飞过积雪的山顶吗?而那袅袅上升的炊烟呵,是一条长长的飘带,千里万里系着亲人绵绵不断的祝福。

趟过伊犁河,翻过西天山,万水千滩,急流险滩,我该怎样泅渡那横陈于生命旅途中的每一条河流?又该怎样寻觅送我至彼岸,却又常常迷失在烟海茫茫中的那每一个渡口?

野马渡呵野马渡,最初的野马群是怎样像一队热血粗壮的汉子,兀立浪花翻卷的岸边,埋首豪饮,仰天长啸,旋即升起一股冲天的飓风,劈开一条水路,昂首远去。那裂帛般撕开的水面,至今还飘扬着野马飞腾的雄姿。

古老的伊犁河日夜奔流不息,逝者如斯,回眸凝望,野渡无人舟自横。当年的老船工早已演绎成美丽的传说,一条彩虹似的大桥飞架天堑。夕阳西下,牧归的老牛从桥上走过,悠悠的羊群像雪白的浪花漫过桥顶,桥下汲水的姑娘,彩裙一闪,拎走晚霞朵朵。可我仍然像一匹雄性的野马,奔驰在岸边,风雨中渴盼一位勇敢的骑手,扬鞭催马,一次次飞越生命的野马渡。

第三节　古诗词朗诵

一、古诗词朗诵方法

1. 把握诵读技巧,处理好语言的声音表达

古诗词诵读节奏的划分,通常有两种依据:或按音节划分,或按语意划分。也就是说,在朗读时,停顿的单位可以是一个相对完整的音节或意义。

例如,"城阙辅三秦"一句,依音节可划分为"城阙/辅/三秦",依意义可划分为"城阙/辅三秦"。"劝君更尽一杯酒"一句,依音节可划分为"劝君/更尽/一杯酒",按意义可划分为"劝君更尽/一杯酒"。

一般来说,诗词中按表音节奏划分多,按表意节奏划分少。四言为"二二"节奏,如"东临/碣石,以观/沧海","蒹葭/苍苍,白露/为霜"。五言有"二二一"节奏,也有"二一二"节奏,如"大漠/孤烟/直,长河/落日/圆","晨兴/理/荒秽,带月/荷锄/归"。七言有"二二三"节奏,也有"二二二一"节奏,如"商女/不知/亡国恨,隔江/犹唱/后庭花","人生/自古/谁无死"。另外还有"二二一二"节奏,如"春蚕/到死/丝/方尽,蜡炬/成灰/泪/始干"。要知道节奏是语言的音乐性,及其交替出现的有规律的语音强弱、长短的现象,节奏的轻重缓急是随着人的情绪起伏和环境的变迁而变化的,诗词的节奏尤为明显。以五言绝句或七言绝句来说,如不掌握其节奏,朗诵后会给人以杂乱无章的感觉,要掌握好节奏,主要是处理好诗歌词句的格律。

2. 韵脚要读得响亮而稍长,读出诗歌的韵味

古诗词诵读要想表达出极强的感染力,还要处理好诵读的声律切分、韵律、吟诵句调等。诗歌的朗诵中,随着情感的抒发,声调是有高低起伏的,尤其是韵脚字的"行腔"更是有讲究。一是语音的动程要饱满;二是声调的调值要到位。古诗词中分古体词和近体诗。古体诗中的平仄和同韵随意性较大。近体诗主要以平声字做韵脚,它的"行腔"平缓悠长;近体诗如有入声字做韵脚,在"行腔"归音时要"短而促"。①

3. 把握诗词的感情基调

要使诵读具有感染力,传达出自己的感受,传达出作品的神,关键是要把握好作品的感情基调。古诗词朗诵时,考生应运用想象,大胆设计。一首诗写情、写景、写人、写物,虽是各有特色,但都离不开形象,诗人往往在抒发感情时,用形象来表达自己要说的话。我们在进行古诗词朗诵时,要运用形象思维,以"诗情画意"来丰富自己的想象,同时还要大胆地运用联想。如果考生不了解白居易《琵琶行》中感伤的情感基调,就无法把离别之愁、琵琶声之悲、身世之悲、同病相怜之悲、触动自身坎坷之痛之悲一层一层传达出来。如果考生不了解李白《将进酒》那正值"抱用世之才而不遇合",就不能表现出那既豪放又感伤的复杂情怀。

诗词是诗人以自己强烈的爱憎熔铸而成的艺术结晶,朗诵前要对诗人的生活背景、情感经历进行充分了解,只有这样才可以细致入微地、传神地再现

---

① 江苏省戏剧学校社会艺术水平考级委员会. 朗诵艺术水平等级教材(1—10级)Ⅰ、Ⅱ. [M].南京:南京师范大学出版社,2015(33).

作品,达到更为动人的效果。例如,朗读《示儿》时,应注意把握陆游的性格:陆游从小受到父亲强烈爱国思想的熏陶,很早就有忧国忧民的情怀。只有体会诗人创作的心路历程,才能充分表达出诗人的情感,代诗人倾吐感情。

4. 注意作品的风格特征

古诗词作品因时代不同、人物不同,或同一人物的时期不同,其作品会呈现出不同的风格特征。或豪放,或婉约;或浪漫,或现实;或轻快明丽,或沉郁悲壮等,诵读时应注意对作品的风格加以仔细体会,从而可更好地演绎作品,传达出作品的神韵。所以,在朗诵前,应搞清诗词写作的时代背景,作者为什么要写这首诗,了解了背景和目的后,会更加深刻地理解作品内容,朗诵时有利于唤起自己的激情,从而更好地表达诗人的意志和胸怀。

二、古诗词朗诵案例分析

我们以孟浩然的《春晓》为例进行古诗词朗诵的具体分析。

春 晓

孟浩然

春眠不觉晓,处处闻啼鸟。
夜来风雨声,花落知多少。

这是一首格律诗,朗诵这首诗时,应该注意每个字都要吐音清晰,淌出诗的节奏。每行诗句都可处理为三处停顿:春眠/不觉/晓,处处/闻/啼鸟。夜来/风雨/声,花落/知/多少。念到"晓""鸟""少"时,字音要适当延长,略带吟诵的味道,使听众能感觉出诗的音韵美和节奏感。

作品中,前两句是写诗人早上醒来后看到的景物,朗诵时要用柔和、舒缓的语调,音量不要过大。"鸟"字的尾音可稍向上扬,表现出诗人见到的是春光明媚、鸟语花香的明朗景象。后两句写诗人想起昨天夜里又刮风又下雨,不知园子里的花被打落了多少。在读"花落知多少"时,要想象出落花满园的景象,可重读"落"字,再逐渐减轻"知多少"三个字的音量,表现出诗人对落花的惋惜之情。

三、古诗词朗诵练习

这里给考生提供一篇练习篇目,考生可按照上述例子对文章进行分析。

悯农二首

李　绅

一

春种一粒粟,秋收万颗子。

四海无闲田,农夫犹饿死。

二

锄禾日当午,汗滴禾下土。

谁知盘中餐,粒粒皆辛苦。

第四节　现代诗朗诵

一、现代诗朗诵注意事项

现代诗没有固定的行数、字数,少了一些呆板、固定的格式,多了一些变换的空间,这有利于自由、充分地表达作者的思想感情。现代诗在内容上极少有客观的陈述,而是通过直抒胸臆或选取几个典型的生活场景来表达作者的喜怒哀乐爱憎等思想感情,即使像《大堰河,我的保姆》这样的叙事诗,也具有强烈的抒情性。现代诗用有限的篇幅表达一种感情,往往具有语言和情感上的跳脱性,其所表达的内容更贴近现代人的生活,更容易引起现代人感情上的共鸣。

准确地把握作品内容,透彻地理解其内在含义,是作品朗诵重要的前提和基础。固然,朗诵中各种艺术手段的运用十分重要,但是,如果离开了准确透彻地把握内容这个前提,那么,朗诵艺术技巧便成了无源之水,无本之木,成了一种纯粹的形式主义,也就无法做到传情,无法让考官动情了。要准确透彻地把握作品内容,应注意以下几点。

1. 正确、深入的理解

考生要把作品的思想感情准确地表现出来,需要透过字里行间理解作品的内在含义。首先,要清除障碍,搞清楚文中生字、生词、成语典故、语句等的含义,不要囫囵吞枣、望文生义。其次,要把握作品创作的背景、作品的主题和情感的基调,这样才能准确地理解作品,才不会把作品念得支离破碎,甚至歪曲原作的思想内容。以高尔基的《海燕》为例,扫除文字障碍后,就要对作品进行综合分析。这篇作品以象征手法,通过"暴风雨来临之前、暴风雨逼近和即将来临"三个画面的描绘,塑造了一只不怕电闪雷鸣,敢于搏风击浪,勇于呼风唤雨的海燕——这个"胜利的预言家"的形象。这部作品诞生之后立即不胫而走,被广大工人和革命群众在革命小组活动时朗诵,被视作传播革命信息,坚定革命理想的战歌。综合分析之后,朗诵时就不难把握其主题:满怀激情地呼唤革命高潮的到来。进而,我们便不难把握这部作品的基调应是对革命高潮的向往、期盼。

2. 深刻、细致的感受

有的考生在考场上朗诵一首现代诗,听起来也是抑扬顿挫,可就是打动不了考官。不是作品本身有缺陷,而是考生对作品的感受还太浅薄,没有真正走进作品,而是在那里"挤"情、"造"性。考官是敏锐的,他们不会为虚情所动,考生要唤起听众的感情,必须仔细体味作品,进入角色,进入情境。

3. 丰富、逼真的想象

在理解、感受作品的同时,往往伴随着丰富的想象,这样才能使作品的内容在自己的心中、眼前活动起来,就好像亲眼看到、亲身经历一样。以陈然《我的自白书》为例,在对作品进行综合分析的同时,可以设想自己就是陈然,当时正处在被国民党逮捕后的牢狱之中,尽管在狱中饱受折磨,但信仰毫不动摇,最后,敌人把一张白纸放在"我"面前,让"我"写自白书,"我"满怀对敌人的愤恨和藐视,满怀革命必胜的坚定信念,毅然写下了《我的自白书》。这样通过深入的理解、真挚的感受和丰富的想象,使己动情,从而也使人动性。

二、现代诗朗诵的基本表达手段

朗诵时,一方面要深刻透彻地把握作品的内容,另一方面要合理地运用各种艺术手段,准确地表达作品的内在含义。常用的基本表达手段有停顿、重音、语速、句调、手势。

1. 停顿的使用方法

停顿是现代诗朗诵中尤其需要掌握的技巧。停顿是为了充分表达思想感情的需要,给考官一个领略和思考、理解和接受的余地,帮助考官理解现代诗含义,加深印象。停顿包含语法停顿和强调停顿。语法停顿是指反映一句话里面的语法关系,在书面语言里就反映为标点。一般来说,语法停顿时间的长短同标点大致相关。例如,句号、问号、叹号后的停顿比分号、冒号后的停顿长;分号、冒号后的停顿比逗号后的停顿长;逗号后的停顿比顿号后的停顿长;段落之间的停顿则长于句子间停顿的时间。强调停顿是为了强调某一事物,突出某个语意或某种感情,而在书面上没有标点、在生理上也可不做停顿的地方做了停顿,或者在书面上有标点的地方做了较大的停顿,这样的停顿我们称为强调停顿。强调停顿主要是靠仔细揣摩作品,深刻体会其内在含义来安排。

2. 重音的使用方法

重音是指朗诵、说话时句子里某些词语念得比较重的现象。一般用增加声音的强度来体现。在朗诵中,往往为了表示某种特殊的感情和强调某种特殊意义而将一些音故意说得重一些,目的在于引起听者注意自己所要强调的某个部分。语句在什么地方该用重音强调并没有固定的规律,而是受说话的环境,内容和感情支配的。同一句话,强调的重音不同,表达的意思也往往不同。例如:

她彷徨在这寂寥的雨巷。(回答"谁在雨巷")

她**彷徨**在这寂寥的雨巷。(回答"她在雨巷做什么")

她彷徨在这**寂寥**的雨巷。(回答"是什么样的雨巷")

因而,在朗诵时,首先要认真钻研作品,正确理解作者意图,才能较快较准地找到需要强调的重音之所在。

3. 语速的使用方法

语速是指说话或朗诵时每个音节的长短及音节之间连接的紧松。说话的速度是由说话人的感情决定的,朗诵的速度则与文章的思想内容相联系。一般说来,热烈、欢快、兴奋、紧张的内容语速快一些;平静、庄重、悲伤、沉重、追忆的内容语速慢一些。而一般的叙述、说明、议论则用中速。

　　她是有　丁香一样的/颜色,丁香一样的/芬芳,丁香一样的/忧愁,在雨中/哀怨,哀怨/又彷徨;

　　她彷徨在/这寂寥的/雨巷,撑着/油纸伞　像我一样,像我一样地　默默/彳亍着,冷漠,/凄清,/又惆怅。

　　她/静默地/走近　走近,/又投出　太息一般的/眼光,她飘过像梦一般地,像梦一般地/凄婉迷茫。

　　像/梦中/飘过　一枝/丁香地,我身旁/飘过/这女郎;她静默地/
远了,/远了,到了/颓圮的/篱墙,走尽/这雨巷。

　　在/雨的哀曲里,消了/她的颜色,散了/她的芬芳　消散了,甚
至/她的　太息般的/眼光,丁香般的/惆怅。

　　解读　这部分为戴望舒《雨巷》的第 2、3、4、5、6 节,写了理想的
美好、到来、离去、破灭的过程。朗读时,语气舒缓,节奏起伏不大,多
用气声和嘘声,营造那种朦胧而迷茫的意境。第 2 节三个比喻读稍
快、稍轻,最后两句稍慢、稍重。第 3 节两个"像我一样"后面一个比
前面一个读得慢,"冷漠,凄清,又惆怅"一词一顿,读出迷茫的语气。
第 4 节两个"太息",读时带着叹气的语调,"像梦一般地",后面一个
读得比前一个轻,"凄婉迷茫"气声拉长,营造那种朦胧的意境。第 5
节前三句由远及近,声音变大、变高后,第 3 句由近及远,声音变小、
变低,从而营造出空间的转换。第 5 节写了理想破灭后的心情,是全
诗感情最消沉的一节。读时,应气息下沉,读出十分凄婉的语气。

4. 句调的使用方法

在汉语中,字有字调,句有句调。我们通常称字调为声调,是指音节的高
低升降。而句调我们则称为语调,是指语句的高低升降。句调是贯穿整个句
干的,只是在句末音节上表现得特别明显。句调根据表示的语气和感情态度
的不同,可分为四种:升调、降调、平调、曲调。

　　(1)升调(↑),前低后高,语势上升。一般用来表示疑问、反问、惊异等
语气。

　　(2)降调(↓),前高后低,语势渐降。一般用于陈述句、感叹句、祈使句,
表示肯定、坚决、赞美、祝福等感情。

　　(3)平调,语势平稳舒缓,没有明显的升降变化,用于不带特殊感情的陈
述和说明,还可表示庄严、悲痛、冷淡等感情。

（4）曲调，全句语调弯曲，或先升后降，或先降后升，往往把句中需要突出的词语拖长着念，这种句调常用来表示讽刺、厌恶、反语、意在言外等语气。

三、现代诗朗诵案例分析

我们以陈然的《我的"自白"书》为例进行现代诗朗诵的具体分析。

我的"自白"书

陈　然

任脚下响着沉重的铁镣，

任你把皮鞭举得高高，

我不需要什么"自白"，

哪怕胸口对着带血的刺刀！

人，不能低下高贵的头，

只有怕死鬼才乞求"自由"；

毒刑拷打算得了什么？

死亡也无法叫我开口！

对着死亡我放声大笑，

魔鬼的宫殿在笑声中动摇；

这就是我——一个共产党员的"自白"，

高唱凯歌埋葬蒋家王朝！

　　这是陈然同志被捕以后在特务们逼迫他写"自白"书时写下的。这首诗既是一个共产党员崇高内心世界的真实写照，又是对蒋家王朝必然灭亡的庄严宣判。全诗感情真挚，充满了激情，充分表现了先烈坚定的革命信念和大义凛然的革命气节。我们在朗诵这首诗的时候，要表现出作者视死如归的英雄气概和对敌人极端蔑视的态度，语调要高昂有力。

第1节，两个"任"字表现了革命先烈不怕敌人毒刑拷打的坚强意志，要读得重些。"不需要"三个字的语气是坚定的。"哪怕胸口对着带血的刺刀!"这个反问句表示强调肯定的语气，"血"字的尾音要稍微拖长，并且往下降，表现出对敌人残酷屠杀的轻蔑。

第2节，"人"和"怕死鬼"形成对比，要读得稍重。"自白"的尾音要拖长，表示出是所谓的自白的意思。"毒刑拷打算得了什么!"一句要读出反问的语气。

第3节，是全诗的高潮，朗诵时要感情奔放，语调昂扬，要表现出共产党人誓与敌人斗争到底的英雄气概和坚信革命必胜的乐观主义精神。

如果我们能领会诗的意境，就能深刻感受作者坚贞不屈的英雄气概，激起我们与诗的内容相应的感情，再恰当地掌握重音和停顿，朗诵时就会感情充沛，节奏鲜明，使考官受到强烈的感染。

四、现代诗朗诵练习

这里给考生提供一篇练习篇目，考生可按照上述例子对文章进行分析。

向日葵

不知太阳上白天仰着脸——

有啥秘密，瞧呀，瞅呀，

引逗得你哟夜晚低着头——

那么好奇? 思来想去……

第五节　优秀文学作品朗诵篇目 15 篇

1. 无字碑歌

静水流深

　　我行走在八百里秦川腹地，走过千年不朽的大唐。我静静地长眠在乾陵，那斑驳的碑身，记载着我历史的沧桑。大唐的风啊，历经千年，依旧凛冽、雄壮。大唐的雷啊，依旧高亢、嘹亮。

　　千载历史风雨悠悠，万种红尘云烟茫茫，我威严地伫立于万千苍生之上，傲骨凛然，仰天遥望，无字碑留下了我的慨叹和悲伤。

　　我的王朝苍穹，依旧浩渺，我的无字墓碑，依旧悲凉。我的盛世已经淹没在浩瀚的历史长河，如今只留下荒冢空碑，还有墓碑尚未风干的泪珠，那是我梦回我的宫殿，洒落的悲泪两行。

　　仿佛就是在千年的今天，在混乱和紧张的思维中，我颤抖的手触摸在女儿的脖颈上。我怎么了？我怎么会这样？我是母亲，我不是狼毒的豺狼。苍天啊！能告诉我吗？为什么？为什么？为什么啊?!唯有吞噬亲情和人性的代价，才能在这个充满血腥的皇权斗争中生存。皇权，皇权啊，你丧失了骨肉亲情，没有了儿女情长。

　　冷月凄然，满载我千古的情殇。高宗啊，我恨你！你没有英雄的脊梁。如果你能挑大唐的江山，我何必以瘦弱的双肩扛起了整个大唐？为了王朝，我失去了骨肉，背负着千古骂名，其中的痛苦谁能理解？谁能知道我的剧痛与绝望？

　　冷冷的唐月，凄凄的唐风，我太累，太迷茫。曾经被迫削发为尼，在孤寂的感业寺,忍受着青灯黄卷的凄凉。钩心斗角的深宫内院,尔虞我诈的官场,为什么? 为什么让我一个人抵挡? 我要呐喊,我要诅咒,我要一把火燃烧这个王朝的殿堂!

我帝王的身份,你们犹豫了一千多年,争论了一千多年。今天,请你们用真诚的目光去审视一千多年前的我,掀开历史烟云笼罩在我身上的神秘面纱。朕的六万臣民上表劝进,请改国号,"万岁"声中,朕登临大宝,改唐为"周",自号"圣神皇帝"。我的光芒,上承"贞观之治"下启"开元盛世",我的智慧塑造了辉煌的盛世大唐。

我是女皇,也是女人,《全唐诗》中也有我的诗行。"看朱成碧思纷纷,憔悴支离为忆君。不信比来常下泪,开箱验取石榴裙。"我的七言绝句《如意娘》里,也洋溢着情意缠绵,柔情若水的衷肠。

敢问苍天,中华历史有哪个王朝敢比大唐? 有几个敢和我一样自豪的帝王? 收复安西四镇,平定契丹叛乱,打退突厥进攻。朕的江山,谁敢黩武刀枪? 跪下! 我的臣民! 跪下! 我的子孙! 我让你们跪下! 面对我的墓碑,面对我的英灵,你们虔诚地膜拜吧! 我是你们千古不朽的女皇!

在这个千百年来男权的国度里,我傲视群雄,君临天下,我的时代,禁区可以突破,命运可以改变。你们可以后宫佳丽三千,我为什么不可以有自己宠爱的情郎? 你们需要女性的温爱,我为什么——不可以有爱的热望?

我是弥勒佛转世,《大云经》中我的名字闪耀着佛祖的灵光,我应该成为新天子,母仪天下,我是新王朝的帝王! 我的名字是"曌",就是日光普照、皓月当空的"曌",给芸芸众生带来光明和幸福的"曌"。看见吗? 日月当空的磅礴景象,是我的光辉,博大情怀的智慧光芒,普照了千古流芳的大唐!

我的一生充满传奇,不管你是崇拜还是唾弃,都无法抹杀我的存在。我！驾驭着大唐的历史车轮轰轰驶来，又隆隆地远去。好一块无字碑！那是我的归宿！那片空白的碑体上，蕴含着我广阔的胸怀和博大的理想。"己之功过，留待后人评说。"留一块无字碑，让悲壮的历史去书写我内心的骄傲与哀伤。

今夜，我徘徊在无字碑旁，邀一轮孤月陪伴我的寂寞心房。浩瀚的星空缀满了我的惆怅，倾诉着我亘古以来的忧伤。大唐飞流直下三千尺的风雨，今夜为何这般迷惘？曾经扶摇直上九万里的豪情，如今已是白发三千丈！

茫茫中华天地，泱泱千年大唐，我的一生，远非一块碑文所能容纳！留下空碑一座，承载我女中须眉，铁血之性；留下无字墓碑，彰显我功高盖世，天下无双。千万苦，与谁吐？盈盈珠泪，哀怨悲凉。远去的梦是千古绝唱，我的内心世界，永远是后人千古不解的猜想。

千年的历史云烟携着雷电，从遥远的大唐凝聚在我的碑前。看哪！耀眼的闪电从遥远的亘古飞来，那闪电辉映着我名字——武则天！听啊！惊天动地的雷声来自千年不朽的大唐，那轰然的雷声——就是朕的呐喊！我是——千古永恒的帝王！

2. 我的南方和北方

赵凌云

自从认识了那条奔腾不息的大江，我就认识了我的南方和北方。我的南方和北方相距很近，近得可以隔岸相望。我的南方和北方相距很远，远得无法用脚步丈量。

大雁南飞，用翅膀缩短着我的南方与北方之间的距离。燕子归来，衔着春泥表达着我的南方与北方温暖的情意。在我的南方，越剧、黄梅戏好像水稻和甘蔗一样生长。在我的北方，京剧、秦腔好像大豆和高粱一样茁壮。太湖、西湖、鄱阳湖、洞庭湖倒映着我的南方的妩媚和秀丽。黄河、渭河、漠河、塔里木河展现着我的北方的粗犷与壮美。

我的南方,也是李煜和柳永的南方。一江春水滔滔东流,流去的是落花般美丽的往事和忧愁。梦醒时分,定格在杨柳岸晓风残月中的那种伤痛,也只能是南方的才子佳人的伤痛。

我的北方,也是岑参和高适的北方。烽烟滚滚,战马嘶鸣。在胡天八月的飞雪中,骑马饮酒的北方将士,正向着刀光剑影的疆场上逼近。所有的胜利与失败,最后都消失在边关冷月下的风中……

我曾经走过黄山、庐山、衡山、峨眉山、雁荡山,寻找着我的南方。我的南方却在乌篷船、青石桥、油纸伞、鱼鳞瓦的深处隐藏。在秦淮河的灯影里,我凝视着我的南方。在寒山寺的钟声里,我倾听着我的南方。在富春江的柔波里,我拥抱着我的南方。我的南方啊! 草长莺飞,小桥流水,杏花春雨。

我曾经走过天山、昆仑山、长白山、祁连山、喜马拉雅山,寻找着我的北方。我的北方却在黄土窑、窗花纸、热土炕、蒙古包中隐藏。在雁门关、山海关、嘉峪关,我与我的北方相对无言。在大平原、大草原、戈壁滩,我与我的北方倾心交谈。在骆驼和牦牛的背景里,我陪伴着我的北方走向遥远的地平线。我的北方啊! 大漠孤烟,长河落日,唢呐万里。

自从认识了那条奔腾不息的大江,我就认识了我的南方和北方。

从古到今,那条奔腾不息的大江就像一根琴弦,弹奏着几多兴亡,几多沧桑。在东南风的琴音中,我的南方雨打芭蕉,荷香轻飘,婉约而又缠绵。在西北风的琴音中,我的北方雪飘荒原,腰鼓震天,凝重而又旷远。

啊! 我的南方和北方,我的永远的故乡和天堂。

3. 我的心

巴　金

近来，不知道什么缘故，我的这颗心痛得更厉害了。

我要对我的母亲说："妈妈，请你把这颗心收回去吧，我不要它了。"

记得你当初把这颗心交给我的时候曾对我说过："你的父亲一辈子拿着它待人爱人，他和平安宁地度过了一生。在他临死的时候把这颗心交给我，要我在你长成的时候交给你。他说，承受这颗心的人将永远正直、幸福，并且和平安宁地度过一生。现在你长成了，也就承受了这颗心，带着我的祝福，孩子，到广大的世界中去吧。"

这些年，我怀着这颗心走遍了世界，走遍了人心的沙漠，所得到的只是痛苦和痛苦的创痕。

正直在哪里？幸福在哪里？和平在哪里？

这一切可怕的景象哪一天才会看不到？这样的可怕的声音哪一天才会听不见？这样的悲剧哪一天才会不再上演？这一切像箭一样地射到我的心上，我的心布满了痛苦的创痕，因此我的心痛得更厉害了，我不要这颗心了。

有了它，我不能闭目为盲；有了它，我不能塞耳为聋；有了它，我不能吞痰为哑；有了它，我不能在人群中寻找我的幸福；有了它，我就不能和平地生活在这个世界上；有了它，我就不能活下去了。

妈妈，请你饶了我！这颗心我实在不要，我不能要啊！

多时以来，我就下决心放弃一切。让人们去竞争，去残杀；让人们来虐待我，凌辱我，我只要有一时的安息。可我的心不肯这样，它要使我看、听、说。看我所怕看的，听我所怕听的，说人所不愿听的。于是我又向它要求到："心啊，你去吧！不要再这样苦苦地恋着我。有了你，我无论如何不能活在这个世界上，所以请你为了我幸福的缘故,撇开我去吧。"

　　它没有回答,因为它知道:既然它已被你的祝福拴在我的胸膛上,那么也就只能由你的诅咒而分开。

　　好吧,妈妈,请你诅咒我吧! 请你收回这颗心吧,让它去毁灭吧。因为它不能活在这个世界上,而有了它,我也不能活在这个世界上了。

　　在这样大的血泪的海中,一个人,一颗心,算得什么? 能做什么?

　　妈妈,请你诅咒我吧,请你收回这颗心吧! 我不要它了。

　　可是我的母亲已经死了多年了。

4. 再别康桥

徐志摩

轻轻的我走了,
正如我轻轻的来;
我轻轻的招手,
作别西天的云彩。

那河畔的金柳,
是夕阳中的新娘;
波光里的艳影,
在我的心头荡漾。

软泥上的青荇,
油油的在水底招摇;
在康桥的柔波里,
我甘心做一条水草!

那榆荫下的一潭，

不是清泉，是天上虹；

揉碎在浮藻间，

沉淀着彩虹似的梦。

寻梦？撑一支长篙，

向青草更青处漫溯；

满载一船星辉，

在星辉斑斓里放歌。

但我不能放歌，

悄悄是别离的笙箫；

夏虫也为我沉默，

沉默是今晚的康桥！

悄悄的我走了，

正如我悄悄的来；

我挥一挥衣袖，

不带走一片云彩。

5. 致橡树

舒 婷

我如果爱你——

绝不像攀缘的凌霄花，

借你的高枝炫耀自己；

我如果爱你——

绝不学痴情的鸟儿，

为绿荫重复单调的歌曲；

也不止像泉源，

常年送来清凉的慰藉；

也不止像险峰，

增加你的高度，衬托你的威仪。

甚至日光。

甚至春雨。

不，这些都还不够！

我必须是你近旁的一株木棉，

作为树的形象和你站在一起。

根，紧握在地下，

叶，相触在云里。

每一阵风过，

我们都互相致意，

但没有人

听懂我们的语言。

你有你的铜枝铁干，

像刀，像剑，

也像戟；

我有我的红硕花朵，

像沉重的叹息，

又像英勇的火炬。

我们分担寒潮、风雷、霹雳；

我们共享雾霭、流岚、红霓，

仿佛永远分离，

却又终身相依。

这才是伟大的爱情，

坚贞就在这里：

不仅爱你伟岸的身躯，

也爱你坚持的位置，脚下的土地。

6. 我爱这土地

艾　青

假如我是一只鸟，

我也应该用嘶哑的喉咙歌唱：

这被暴风雨所打击着的土地，

这永远汹涌着我们的悲愤的河流，

这无止息地吹刮着的激怒的风，

和那来自林间的无比温柔的黎明……

——然后我死了，

连羽毛也腐烂在土地里面。

为什么我的眼里常含泪水？

因为我对这土地爱得深沉……

7. 相信未来

食　指

当蜘蛛网无情地查封了我的炉台

当灰烬的余烟叹息着贫困的悲哀

我依然固执地铺平失望的灰烬

用美丽的雪花写下：相信未来

当我的紫葡萄化为深秋的露水
当我的鲜花依偎在别人的情怀
我依然固执地用凝霜的枯藤
在凄凉的大地上写下：相信未来

我要用手指那涌向天边的排浪
我要用手掌那托住太阳的大海
摇曳着曙光那枝温暖漂亮的笔杆
用孩子的笔体写下：相信未来

我之所以坚定地相信未来
是我相信未来人们的眼睛
她有拨开历史风尘的睫毛
她有看透岁月篇章的瞳孔

不管人们对于我们腐烂的皮肉
那些迷途的惆怅、失败的苦痛
是寄予感动的热泪、深切的同情
还是给以轻蔑的微笑、辛辣的嘲讽

我坚信人们对于我们的脊骨
那无数次的探索、迷途、失败和成功
一定会给予热情、客观、公正的评定
是的，我焦急地等待着他们的评定

朋友,坚定地相信未来吧

相信不屈不挠的努力

相信战胜死亡的年轻

相信未来、热爱生命

8. 热爱生命

汪国真

我不去想,

是否能够成功,

既然选择了远方,

便只顾风雨兼程。

我不去想,

能否赢得爱情,

既然钟情于玫瑰,

就勇敢地吐露真诚。

我不去想,

身后会不会袭来寒风冷雨,

既然目标是地平线,

留给世界的只能是背影。

我不去想,

未来是平坦还是泥泞,

只要热爱生命,

一切,都在意料之中。

9. 南方的夜

冯　至

我们静静地坐在湖滨，
听燕子给我们讲讲南方的静夜。
南方的静夜已经被它们带来，
夜的芦苇蒸发着浓郁的热情——
我已经感到了南方的夜间的陶醉，
请你也嗅一嗅吧这芦苇丛中的浓味。

你说大熊星总像是寒带的白熊，
望去使你的全身都觉得凄冷。
这时的燕子轻轻地掠过水面，
零乱了满湖的星影——
请你看一看吧这湖中的星象，
南方的星夜便是这样的景象。

你说，你疑心那边的白果松，
总仿佛树上的积雪还没有消融。
这时燕子飞上了一棵棕榈，
唱出来一种热烈的歌声——
请你听一听吧燕子的歌唱，
南方的林中便是这样的景象。

总觉得我们不像是热带的人，
我们的胸中总是秋冬般的平寂。
燕子说，南方有一种珍奇的花朵，

经过二十年的寂寞才开一次——

这时我胸中忽觉得有一朵花儿隐藏,

它要在这静夜里火一样地开放!

10. 多情自古江南雨

周 聪

都说雨中的江南最有味道。

我在蒙蒙细雨中,彻底感受到江南水乡的神韵。

站在廊棚下,听滴滴答答的雨打在古老的琉璃瓦上,打在青石板上,

总有一种平平仄仄的韵律感。

看柔柔的雨丝顺着屋檐串串珠儿似地洒落,

淅淅沥沥地落在烟雨蒙蒙的河里,感觉别有一番风味。

江南的雨,像牛毛,像花针,像细丝,密密而斜斜,绵绵而潇潇,

似烟似雾,似幻似梦,为江南披上了一层神秘的面纱。

诗人们是从来都不会错过这擦肩而过的灵感。

戴望舒的一首《雨巷》,把梅雨时节江南小巷渺茫朦胧的美

渲染得淋漓尽致。

江南的雨愁怅委婉。

绵绵的雨丝像扯不完的银线,淅淅沥沥从早到晚下个不停。

这样的时候,很容易勾起人们对如烟往事的怀恋。

雨中的沈园,带来潮湿的忧思和惆怅,

那经久不衰的凄婉的爱情故事,总会浮现在眼前。

还有那座在梦里走过千百次的断桥,

那些雨中静默着的依依杨柳,

总会告诉人们一个个千古流传、永不褪色的情感故事。

江南的雨轻盈柔和,

像一种淡淡的香气,不断弥散开来。

"一方水土养一方人。"

江南女孩在雨的滋润下,变得柔声细语,美丽动人。

她们淡雅而不失芬芳,带着雨的晶莹和剔透,甜甜地走入你的心里。

江南的雨淡雅缥缈,

你放眼看去,整个天地笼在袅袅的烟雾里。

当柔柔细雨飘过江南古朴的小镇,

小镇便有了一种古典的忧郁,美得让你心动。

当你泛舟西湖上,体会着"山色空蒙雨亦奇"味道时,

即使你不是诗人,也会被这诗意的景象所感染,

空灵的天幕,无垠的湖面,缠绵的烟柳,都如诗如画。

江南的雨是婉约的雨。

江南的雨,如梦,如诗,如歌,如韵!

11. 将进酒

李　白

君不见,黄河之水天上来,奔流到海不复回。

君不见,高堂明镜悲白发,朝如青丝暮成雪。

人生得意须尽欢,莫使金樽空对月。

天生我材必有用,千金散尽还复来。

烹羊宰牛且为乐,会须一饮三百杯。

岑夫子,丹丘生,将进酒,杯莫停。

与君歌一曲,请君为我倾耳听。

钟鼓馔玉不足贵,但愿长醉不复醒。

古来圣贤皆寂寞,惟有饮者留其名。

陈王昔时宴平乐,斗酒十千恣欢谑。

主人何为言少钱,径须沽取对君酌。

五花马,千金裘,呼儿将出换美酒,与尔同销万古愁。

12. 满江红

岳　飞

怒发冲冠,凭栏处,潇潇雨歇。

抬望眼,仰天长啸,壮怀激烈。

三十功名尘与土,八千里路云和月。

莫等闲,白了少年头,空悲切!

靖康耻,犹未雪。

臣子恨,何时灭!

驾长车,踏破贺兰山缺。

壮志饥餐胡虏肉,笑谈渴饮匈奴血。

待从头,收拾旧山河,朝天阙。

13. 沁园春·雪

毛泽东

北国风光,千里冰封,万里雪飘。

望长城内外,惟余莽莽;大河上下,顿失滔滔。

山舞银蛇,原驰蜡象,欲与天公试比高。

须晴日,看红装素裹,分外妖娆。

江山如此多娇,引无数英雄竞折腰。

惜秦皇汉武,略输文采;唐宗宋祖,稍逊风骚。

一代天骄,成吉思汗,只识弯弓射大雕。

俱往矣,数风流人物,还看今朝。

14. 江城子·密州出猎

苏　轼

老夫聊发少年狂，左牵黄，右擎苍，锦帽貂裘，千骑卷平冈。

为报倾城随太守，亲射虎，看孙郎。

酒酣胸胆尚开张，鬓微霜，又何妨！

持节云中，何日遣冯唐？

会挽雕弓如满月，西北望，射天狼。

15. 水调歌头

苏　轼

明月几时有？把酒问青天。

不知天上宫阙，今夕是何年。

我欲乘风归去，又恐琼楼玉宇，高处不胜寒。

起舞弄清影，何似在人间？

转朱阁，低绮户，照无眠。

不应有恨，何事长向别时圆？

人有悲欢离合，月有阴晴圆缺，此事古难全。

但愿人长久，千里共婵娟。

第七章

CHAPTER SEVEN

才艺展示

第一节　才艺展示概要

艺考传媒类专业招生面试中,才艺展示也叫艺术特长展示,一般会让考生在3—5分钟的时间内对自己的才艺进行充分的展示。它旨在为考生提供一个自我展示的平台,从而全方位地考查考生的艺术才华。

才艺展示的内容主要是表演性质的,比如声乐、舞蹈、器乐、小品、戏曲、武术等。而像书画类等需要花费较多时间展示的才艺,则主要通过呈示获奖证书原件及作品原件这种方式进行展示。往往有许多考生不理解"什么是才艺",常常认为小时候学过一段时间钢琴,练过一些比较基础的舞蹈,就是所谓才艺了。其实这样的理解是错误的,要想拿到高分,才艺需要达到一定的专业水准,必须切切实实具备了一定的艺术功底,或掌握了某项得到认可了的技能。当考传媒类专业面试中,不少高校均设置了才艺展示这一环节,考生一定要提前做好准备,以便充分展示自己的才华。例如,想展示乐器才华的同学,除了像钢琴一类比较笨重的乐器不便带入考场外,其他方便携带的、自己所擅长的乐器在调试好之后都可以带入考场进行才艺展示。当然,在其他领域具有才艺的考生,也可以将所需的表演道具事先准备好,带入考场使用。千万不要出现由于没有做好充分准备,而缺少表演道具或服装的情况。那些受现场条件所限,不便展示才艺而确实具有才艺的同学,可向考官出示自己在才艺方面的专业等级证书。

才艺展示主要是考查考生的艺术修养和综合素质。各学校、各专业在"才艺展示"项目上一般有不同的要求。考生可根据自己的兴趣爱好和长处选择展示的项目,声乐、舞蹈、戏曲、小品、书法、器乐、武术等均可,但要扬长避短,不求面面俱到,只求重点突出。大部分传媒类专业,如广播电视编导专业、导演专业等,对"才艺展示"的内容不做限定,范围很广,既可以是音乐类的,如乐器、声乐、舞蹈等,也可以是其他类型,如朗诵、相声、表演等,只要是比别人更出色的某一方面的技能,都可以作为特长进行展示。但表演类专业和摄影类专业,根据专业学习的要求,对"才艺展示"往往有内容限定。表演专业的要求比较全面,在三次面试中要求进行朗诵、声乐、形体、表演四个方面的才艺展示,摄影专业招生面试则大多是要求考生现场拍摄作品。

第二节　才艺展示准备

一、认清自己的能力

广播电视编导专业与其他艺术专业一样,对考生的艺术感悟能力要求较高。如进行小品表演,有的考生不具备编剧的能力,对作品没有进行细致的构思,小品内容空洞,节奏拖沓,表演的时候眼睛没有视像,行动没有实物感,一个小品表演下来,考官看得云里雾里,不知所云。再比如器乐表演,一定要选择自己能胜任的乐曲,不要为了拿高分,一味地追求高难度曲目。有的表演二胡的同学因为选曲较难,心理压力很大,在考试的时候音都没有拉准,很容易影响到自己的分数,到这个时候再后悔是没有用的。

二、确定努力的方向

有的考生把能惟妙惟肖地模仿某歌星的声音作为自己努力的方向，这可能会在一些选秀类的节目里很受欢迎。但是，我们要考虑到参加的是艺考招生面试，考官要考查的是考生的真功夫。模仿是学习声乐必经的一个阶段、一个过程，但不是目的，更不是结果，考官对考生模仿得像不像其实并不感兴趣。很多考生上台以后不仅是声音、动作、扮相竭力地模仿歌星，甚至连吐字归音也去模仿。尤其是某些港台歌手的吐字非常不标准，刻意模仿反而使考生原本在播音与主持艺术的语言考试里留给考官的好印象大打折扣，得不偿失。又如，街舞是现在十分流行的舞种之一，它本是美国黑人街头舞者的即兴舞蹈，因其轻松随意、自由个性和张扬反叛精神而受到年轻人的喜爱。它实际上对人的各部分协调性要求很高，是一种艺术气质很浓的舞蹈，可是有的考生偏偏把它的街头痞气和疯狂夸张当成自己表现的重点。所以，考生考试前一定要仔细地确定努力的方向，以免走了弯路、错路，甚至背道而驰。

三、注意选题和构思

才艺展示实际上是一种纯主观性的考试，对临场发挥具有很高的要求。所以，怎样能吸引住考官，并留下好印象，这一点是非常重要的。有的考生虽然在某一项才艺上很有水准，但是这项才艺并不符合艺考的规定情境，所以很多时候得不了高分。下面给大家提出几点实用的建议。

（一）尽量选择现场表现力、感染力强的才艺项目

书法、刺绣等较文静的才艺项目不太适合在考场进行展示，因为这些才艺项目

耗时相对较长，一般现场无法充分展示，考生只能拿出之前准备好的作品，而这些作品不具备现场感染力，而且无法判断是否出自考生之手，所以考官一般不会给出高分。

（二）尽量选择器材方便携带的项目

有的考生架子鼓表演水平很高，一直到考试前都以为现场会有鼓可以进行展示。其实艺考的时候，各个院校难以给考生准备那么齐全的器材，所以乐器、道具都得考生自己带，如果考生的乐器、道具非常庞大，那么艺考时带这些器材可能会成为一个很麻烦的事情，考前一定要对此有所考量。

（三）重视展示题材和形式的新颖结合

有的考生积极创新，选择把武术和音乐相结合，魔术与舞蹈相结合等，这种新颖的结合会很快地吸引考官，让考官发现考生的创新能力，很可能就会因此给出意想不到的高分。

四、考前的器材和服装准备

器乐、舞蹈、小品、杂技、茶道、插花等展示都要用到相关器材，在考试之前一定要准备好。小提琴的音是否调准，古筝的假指甲是否带好，舞蹈用的音乐是否就位，小品、杂技的道具是否准备好等，这些都要一一检查。另外，有舞台服装的要尽量用舞台服装，这是相当重要的。它不仅能让考官感受到考生对考试的重视，还能很快把考生带入考试的状态中。像茶道，我们甚至可以穿着汉服来展示，也更容易唤起考官的共鸣。考试的时候，考生穿着运动鞋表演傣族舞就不太合适。当然，没有舞台服装则应尽量穿得干净整洁，大方得体亦可。

第三节　才艺展示误区

在考场上，常见的才艺展示误区有：

1. 过于看重导致心理压力较大

在这一环节中，考官要了解考生对才艺的学习与掌握情况。有的考生对才艺展示怀有畏惧心理，以为对艺术水准会有很高的要求，而且认为这样的考试环节会很复杂。当然，考官希望考生能有很高的艺术素质，在艺术方面有相对深入的学习，但是考官也知道艺术素质与天赋有很大的关系，如有的人天生把握不了节奏，唱歌跑调等，考官也并不会将才艺展示作为选拔考生的唯一标准，只是由于将来的学习与工作需要对艺术有一定程度的理解和把握能力，所以希望考生具备一定的才艺。但是编导毕竟不是演员，将来要从事的也不是某艺术门类的专门创作，何况进校后还有一些相关课程的学习，所以并不可怕。艺术门类很多，考生在"吹拉弹唱舞"任何一方面进行展示即可。

2. 不知如何准备才艺展示

像表演专业，其本身考试的时候就是声、台、形、表的展现，所以肯定是要考核唱歌和舞蹈的。播音与主持艺术也属于台前专业，所以大多也是要考核才艺的。而编导专业的情况就复杂一点，考试时候编导专业可以细分为电视编导（电编）、文艺编导（文编）等以及舞蹈编导（舞编）、音乐编导（音编）等20余种专业方向。像文艺编导专业，基本上每个学校都规定要进行才艺的考核；而像广播电视编导，有的院校则不需要进行才艺展示，而有的院校却规定必须考核才艺展示。所以，就这种情况来看，考生如果准备了精湛的才艺展示，那么院校的选择面将更加广阔，而且也会成为加分项。如果没有准备才艺展示,或者才艺水平并不突出,那就应尽量选择报考不需要进行才艺展示的院校和专业,以规避自己的短处。

3. 考生完全轻视

有的考生知道有些院校不专门考查才艺展示就完全放弃了对才艺的认真准备,把希望全寄托在少数无需进行才艺考核的院校中,这样就使得自己成功被录取的风险大大提高了。此外,还有一些学生,为了应对才艺展示,不惜花钱专门去学吉他、口琴、舞蹈等,却无法保持长久的毅力和热情,往往半途而废,最终使得自己浪费了时间、精力却无所收获。就近年的艺考形势来说,才艺展示的重要性正逐渐凸显出来,尤其是台前专业和文艺编导方向的专业,考生更应对才艺展示好好准备,尽量不要让自己存在"致命"的短板。

4. 将"才艺"与"爱好"混淆

"才艺"与"爱好"这两个概念看起来区别很大,但在实际考试中,往往有很多考生会把它们搞混淆。比如以声乐为例,并不能因为自己喜欢唱几首歌,就可以作为才艺特长在考场上进行展示。有很多考生一听到要才艺展示,第一反应就是唱歌,却不考虑自己的歌唱技艺是否达到了能在考官前展示的水平。当他们在考场上进行演唱时,有的声音小得根本就让考官难以听到,有的甚至连音都不准。也许唱歌是考生自己的爱好,可是"爱好"和"才艺"是有区别的。考场上,"才艺"是在"爱好"的基础上的升华和凝练,是"爱好"在这一时间的厚积薄发,是"爱好"在刹那间光彩夺目的展现。所以,考生一定要认识到两者的区别,选择自己身上出彩的才艺特长进行展示。

5. 展示特殊"才艺"

（1）走台步

近几年,各种各样的文艺选秀节目让大家看到选手们在舞台上走着台步大秀身材,以为走台步也是一种才艺。其实,走台步只是作为服装模特这种职业的一种基本能力,就像是学器乐要会识谱,学书法要先练习握笔一样,它还不能算是一种真正的才艺。

（2）打扮过于入时，忘记自己的学生身份

想漂亮一点给考官留下好印象是没错，但是一定要记住自己的学生身份。太过暴露，太过繁杂的服装不适合在面试时穿着。

（3）以逗乐搞笑为手段，竭尽所能地迎合考官

这是一种非常不好的现象，时常会带给考官太功利、太市侩的印象。我们只需展示自己的真实水平，切忌以要宝迎合为目的。

（4）选择危险性大的才艺展示

使用道具为火的杂技，用刀等进行打斗场面的小品等，考生应尽量避免选择此类展示，以免发生意外危险。